LES

PROVINCIALES

DE PASCAL

(Lettres Ire, IVe et XIIIe)

LES
PROVINCIALES

DE PASCAL

(Lettres Ire, IVe et XIIIe)

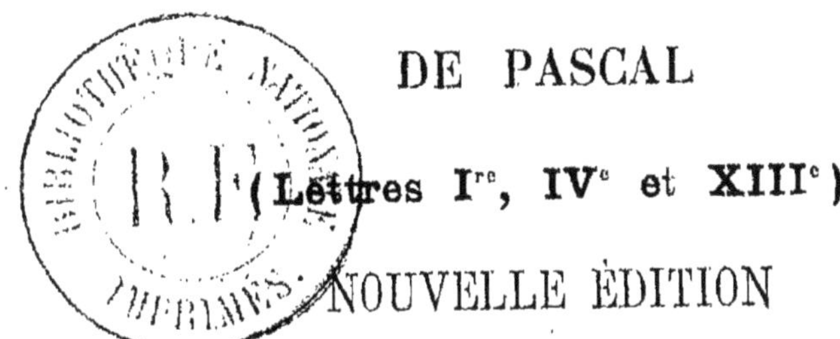

NOUVELLE ÉDITION

AVEC AVERTISSEMENTS ET NOTES NOMBREUSES

PRÉCÉDÉE

D'UNE ÉTUDE SUR PASCAL ET LES PROVINCIALES

par **M. l'abbé DRIOUX**

Vicaire général et Chanoine honoraire de Langres,
Docteur en théologie,
Ancien professeur d'histoire et de philosophie.

PARIS

LIBRAIRIE VICTOR LECOFFRE
90, RUE BONAPARTE, 90
1881

ÉTUDE

PASCAL ET LES PROVINCIALES

On ne peut comprendre les *Provinciales* sans connaître les discussions qui en sont l'objet. C'est pourquoi, après avoir donné le résumé de la vie de Pascal, nous avons fait un exposé sommaire du Jansénisme et de sa subtile doctrine. Nous avons ensuite donné l'analyse des lettres de Pascal et, après les avoir analysées, nous les avons appréciées sous le rapport moral et sous le rapport littéraire. Nous croyons qu'avant de lire les lettres exigées par le programme, et qui font l'objet de ce travail, il est indispensable de prendre connaissance des faits et des idées que renferme cette étude préliminaire.

§ 1. — VIE DE PASCAL.

Blaise Pascal naquit à Clermont le 19 juin de l'année 1623. Son père, président à la cour des aides, s'appelait Étienne Pascal et sa mère Antoinette Begon. Sa famille était une famille de savants. Sa mère étant morte dès l'année 1626, son père résolut de s'appliquer presque exclusivement à l'éducation de ses enfants. Comme il n'avait pas d'autre fils que celui-là, et qu'il reconnut dans cet enfant des dispositions extraordinaires, il ne put se résoudre à confier son éducation à un autre, de telle sorte que Pascal n'entra jamais dans aucun collège et qu'il n'eut pas d'autre maître que son père.

En 1631, Étienne Pascal vendit sa charge et quitta la province pour se fixer à Paris, afin d'avoir plus de loisirs et plus de ressources pour l'éducation de ses enfants.

« Sa principale maxime dans l'éducation de son fils était, dit Mme Périer, de le tenir toujours au-dessus de son ouvrage, et ce fut pour cette raison qu'il ne voulut point commencer à lui apprendre le latin qu'il n'eût douze ans, afin qu'il le fît avec plus de facilité.

« Pendant cet intervalle, il ne le laissait pas oisif, car il l'entretenait de toutes les choses dont il le voyait capable. Il lui faisait voir, en général, ce que c'était que les langues ; il lui montrait comment on les avait réduites en grammaires sous de certaines règles ; que ces règles avaient encore des exceptions qu'on avait eu soin de remarquer ; et qu'ainsi l'on avait trouvé le moyen par là de rendre toutes les langues communicables d'un pays à un autre.

« Cette idée générale lui débrouillait l'esprit et lui faisait voir les raisons des règles de la grammaire ; de sorte que, quand il vint à l'apprendre, il savait pourquoi il le faisait et il s'appliquait précisément aux choses à quoi il fallait le plus d'application.

« Après ces connaissances, son père lui en donna d'autres. Il lui parlait souvent des effets extraordinaires de la nature, comme de la poudre à canon et d'autres choses qui surprennent quand on les considère. L'enfant prenait grand plaisir à ces entretiens, mais il voulait savoir la raison de toutes choses ; et comme elles ne sont pas toutes connues, lorsque mon père ne les disait pas, ou qu'il disait celles qu'on allègue d'ordinaire, qui ne sont proprement que des défaites, cela ne le contentait pas, parce qu'il s'était habitué dès son enfance à ne se rendre qu'à ce qui lui paraissait évidemment vrai. »

D'après ces détails on voit que le plan qu'Étienne Pascal avait adopté pour l'éducation de son fils était précisément le contraire de celui qu'on suit maintenant.

Au lieu de cultiver exclusivement la mémoire et de la surcharger de choses mal digérées et mal comprises, il s'adressait avant tout à l'intelligence. Il la développait et la mémoire en recevait les notions que la raison et la réflexion avaient élucidées. C'est à cette méthode que Pascal a dû cette clarté, cette perspicacité d'esprit qui le distingua et qui en a fait un des génies les plus solides et les plus pratiques de son siècle.

La maison d'Etienne Pascal était à Paris le lieu de réunion des savants les plus illustres. Les Mersenne, les Roberval, les Carcavi, les Le Pailleur y venaient à des jours marqués pour s'entretenir de leurs études et se communiquer leurs lumières. On pourrait dire que l'Académie des sciences est issue de ces réunions scientifiques, comme l'Académie française est née des entretiens littéraires qui se faisaient chez Conrart.

Le jeune Pascal aurait bien voulu être initié aux études dont s'occupaient les savants qui fréquentaient la maison de son père. Mais celui-ci n'avait pas voulu satisfaire ce désir. Il croyait que, dans le développement de l'esprit, les lettres doivent avoir le pas sur les sciences et que l'on ne pouvait intervertir cet ordre sans faire aux premières un tort qui ne pouvait être compensé par le profit qu'en retiraient les secondes.

Il avait même serré tous les livres qui traitaient de sciences, comme des livres dangereux; il s'était fait une règle de ne jamais parler d'études scientifiques en présence de son fils, pour ne pas surexciter en lui des désirs prématurés qui auraient pu nuire à ses autres études. Quand tu sauras le latin et le grec, lui disait-il, je t'apprendrai cela.

Seulement un jour l'enfant lui ayant demandé de quoi traitait la géométrie, il répondit que c'était une science qui donnait le moyen de faire des figures justes et de trouver les proportions qu'elles ont entre elles. Mais, après cet énoncé général, il s'arrêta, ne voulant pas lui en dire davantage.

L'enfant se mit à rêver sur cette espèce de définition à

ses heures de récréation. Étant seul dans une salle où il avait coutume de se divertir, il prit du charbon, fit des figures sur des carreaux, chercha le moyen de faire un cercle parfaitement rond, un triangle dont les angles et les côtés fussent égaux et d'autres choses semblables. Il s'était fait des mots, des définitions ; il appelait un cercle *un rond*, une ligne *une barre* et ainsi de suite. Avec les définitions il se fit des axiomes, passa des axiomes aux démonstrations et poussa ainsi ses découvertes jusqu'à la 32ᵐᵉ proposition du 1ᵉʳ livre de géométrie d'Euclide, sans savoir ce qu'était la géométrie, ni si Euclide existait.

Il en était là, dit Mᵐᵉ Périer, lorsque son père entra dans la salle ; mais il était si appliqué qu'il fut longtemps sans s'apercevoir de sa venue. On ne peut dire lequel fut le plus surpris, ou le fils de voir son père, à cause de la défense qui lui en avait été faite, ou le père de voir son fils au milieu de toutes ces choses. Mais la surprise du père fut bien plus grande lorsque, lui ayant demandé ce qu'il faisait, il lui dit qu'il cherchait la valeur des trois angles d'un triangle. Le père lui demanda ce qui l'avait fait penser à chercher cela : il dit que c'était qu'il avait trouvé telle autre chose ; et sur cela lui ayant fait encore la même question, il lui dit encore quelques démonstrations qu'il avait faites ; et enfin en rétrogradant et s'expliquant toujours par les noms de rond et de barre, il en vint à ses définitions et à ses axiomes.

Étienne fut si épouvanté de la grandeur et de la puissance du génie de son enfant, que, sans lui dire mot, il le quitta et alla chez Le Pailleur, qui était son ami intime et qui était aussi fort savant. Lorsqu'il y fut arrivé, il y demeura immobile comme un homme transporté ; M. Le Pailleur voyant cela, et voyant même qu'il versait quelques larmes, fut épouvanté et le pria de ne pas lui céler plus longtemps la cause de son déplaisir ; Étienne lui répondit : « Je ne pleure pas d'affliction, mais de joie. Vous savez les soins que j'ai pris pour ôter à mon fils la connaissance de la géométrie, de peur de le détourner de ses autres études : cependant voici ce qu'il a fait. » Sur cela il lui montra ce qu'il avait trouvé, par où l'on pouvait dire en quelque façon qu'il avait inventé les mathématiques.

On ne pouvait plus lui cacher une science qu'il avait si merveilleusement devinée. On lui donna les *Éléments* d'Euclide pour les lire à ses heures de récréation. Il les vit et les entendit tout seul et il demanda comme une faveur d'assister aux séances scientifiques qui se tenaient toutes les semaines dans la maison de son père. Il fit de si rapides progrès, qu'à seize ans, il composa un traité des *Coniques* qui parut si étonnant qu'on disait que, depuis Archimède, on n'avait rien vu d'aussi fort.

Il menait de front les sciences et les lettres. Tout en faisant des mathématiques, il continuait à apprendre le grec et le latin. Pendant et après les repas, son père lui parlait de logique, de physique et de toutes les autres parties de la philosophie.

Etienne Pascal ayant été nommé à l'intendance de Rouen et chargé de la perception des tailles, son fils l'y suivit, et à dix-huit ans il inventa sa machine arithmétique pour éviter à son père les ennuis que lui causaient tous les calculs qu'il avait à faire.

A vingt-quatre ans, d'après les découvertes de Galilée et de Toricelli, et très probablement sur les indications de Descartes, il fit ses expériences sur la pesanteur de l'air et écrivit son traité sur le vide et un petit traité de mécanique qui est perdu. De là il avait été conduit à ses recherches sur la loi de *l'équilibre des liqueurs,* qui sont une des parties les plus incontestées de sa gloire scientifique.

A partir de cette époque, il arriva dans la famille de Pascal un événement qui donna une direction nouvelle à son génie. En 1646, au mois de janvier, son père étant tombé sur la glace et s'étant démis la cuisse, on fit venir pour le soigner les frères Bailleuls qui étaient d'ardents jansénistes. Ils se mirent à prêcher leur doctrine avec tant de zèle que le jeune Pascal en fut particulièrement touché. Il quitta Rouen, revint à Paris et engagea sa sœur Jacqueline à renoncer au monde pour se faire religieuse. Elle prit l'habit à Port-Royal, après la mort de son père qui arriva vers 1651, et son frère ne tarda pas à se retirer lui-même près d'elle et à se mettre sous la direction de Sacy et des autres solitaires.

Il renonça presque complétement aux sciences. Il ne s'occupa plus de physique et ne fit des mathématiques que par manière de distraction. Son esprit spéculatif se lança dans les calculs des probabilités et toucha au calcul infinitésimal, pendant que son esprit pratique inventait la brouette et le haquet.

Mais ce qui l'occupait surtout, c'étaient les idées religieuses et morales. Un nouvel horizon s'était ouvert devant lui et le littérateur allait succéder au savant et le dépasser. Il jetait sur le papier ses *Pensées*, préparant ainsi les matériaux d'un vaste édifice qu'il songeait à élever pour le triomphe de la religion sur l'incrédulité.

Mais il fut détourné de ce travail par la publication des *Petites Lettres*, restées célèbres sous le nom de *Provinciales*. C'est de cet ouvrage que nous avons ici à nous occuper. Mais pour comprendre ces lettres, il est nécessaire que l'on sache les discussions qui y ont donné lieu et qu'on connaisse le jansénisme qui les a inspirées.

§ 2. — DU JANSÉNISME.

L'auteur du jansénisme, Corneille Jansénius, était né au village d'Acquoy, près Laerdam en Hollande, en 1585. Après avoir étudié à Louvain, il était venu à Paris, où il se lia très intimement avec Jean Duverger de Hauranne, qui devint abbé de Saint-Cyran, au diocèse de Poitiers. De Hauranne l'emmena ensuite à Bayonne, où il fut mis par l'évêque à la tête d'un collège que l'on venait de fonder. De là il retourna à Louvain, en 1617.

y fut promu au doctorat deux ans après (1619), et nommé professeur d'Ecriture sainte. Ayant été placé sur le siège d'Ypres en 1636, il ne l'occupa guère plus de deux ans: la peste l'enleva le 6 mai 1638.

De Hauranne qui l'avait dirigé dans ses travaux, était un calviniste déguisé, qui avait préparé de loin les premiers éléments de la secte qui reçut le nom de Jansénius. Ce fourbe avait gagné à sa cause la famille d'Arnauld d'Andilly, qui avait eu aussi de nombreuses attaches au protestantisme. Le chef de la famille, Antoine Arnauld, l'aïeul de d'Andilly, avait été calviniste et n'avait abjuré l'erreur qu'après la Saint-Barthélemy. Le père des Port-Royalistes avait été l'avocat violent du procès fait aux Jésuites en 1594. La grande Angélique avait hésité elle-même entre le catholicisme et le protestantisme professé par la plupart des membres de sa famille.

Il n'est pas étonnant que Port-Royal, sous l'influence de ces espèces de sectaires, soit devenu une place de guerre d'où partirent les coups les plus terribles contre le catholicisme et contre les Jésuites, ses défenseurs.

Jansénius avait laissé à sa mort un énorme *in-folio* qu'il avait intitulé *Augustinus,* parce qu'il prétendait qu'il renfermait la véritable doctrine de saint Augustin sur la grâce. Il y avait mis une préface dans laquelle il disait soumettre son ouvrage au jugement du Saint-Siège. Une demi-heure avant sa mort, il renouvela les mêmes dispositions : « Je crois, dit-il, qu'on peut difficilement changer quelque chose à mon livre ; cependant si le Siège de Rome veut y faire des changements, je suis enfant d'obéissance et enfant obéissant de l'Eglise romaine, dans laquelle j'ai toujours vécu jusqu'à ce lit de mort. »

L'ouvrage parut à Louvain en 1640. Il excita de l'enthousiasme chez les uns et de vives critiques chez les autres. Les Calvinistes de Hollande y reconnurent leur doctrine et applaudirent. Les Jésuites, qui avaient fait condamner un docteur de Louvain, Baïus, comme n'étant qu'un disciple déguisé de Calvin, se trouvèrent en face des mêmes erreurs et opposèrent à l'*Augustinus* des thèses semblables à celles qu'ils avaient dressées contre Baïus. Urbain VIII fit examiner le livre de Jansénius et donna, le 6 mars 1642, la bulle *In eminenti* qui le condamnait comme renouvelant les propositions de Baïus déjà flétries par ses prédécesseurs Pie V et Grégoire XIII.

Cette bulle, adressée à toutes les Eglises catholiques de l'univers, fut accueillie partout avec soumission et respect. Le roi de France enjoignit à la Sorbonne de la recevoir et la faculté de théologie fit défense à tous les docteurs et bacheliers d'approuver et de soutenir les propositions condamnées par les bulles de Pie V, Grégoire XIII et Urbain VIII. Le roi d'Espagne enjoignit aux docteurs de Louvain de faire de même, mais ils eurent recours à mille subterfuges pour ne pas souscrire à cette condamnation.

Un docteur de Sorbonne, Isaac Habert, ayant attaqué publiquement la doctrine de Jansénius (1645), Antoine Arnauld s'en déclara le défenseur et publia son *Apologie* de Jansénius. Le docteur Nicolas Cornet, syndic de la faculté de théologie de Paris, voulant préciser la doctrine de l'*Augustinus*, la formula en sept propositions qui furent ensuite réduites aux cinq suivantes :

1° Il y a des commandements de Dieu que des hommes justes, malgré leur bonne volonté et leurs efforts, ne peuvent accomplir selon les forces qu'ils ont présentement : ils n'ont pas la grâce qui les leur rendrait possibles.

2° Dans l'état de nature tombée, on ne résiste jamais à la grâce intérieure.

3° Pour mériter et démériter dans l'état de nature tombée, l'homme n'a pas besoin de la liberté de nécessité : il lui suffit de la liberté de coaction ou de contrainte.

4° Les Semi-Pélagiens admettaient la nécessité d'une grâce prévenante pour toutes les bonnes œuvres, même pour le commencement de la foi ; mais ils étaient hérétiques en ce qu'ils pensaient que la volonté de l'homme pouvait s'y soumettre ou y résister.

5° Il est semi-pélagien de dire que Jésus-Christ est mort et qu'il a répandu son sang absolument pour tous les hommes.

Ces cinq propositions, qui résument toute la doctrine de Jansénius, n'étaient que la reproduction des erreurs de Luther, de Calvin et de Baïus sur la nature de l'homme déchu, que tous ces hérétiques supposaient privé de son libre arbitre. Comme ces novateurs, Jansénius prétendait que l'homme obéit nécessairement et fatalement à la délectation ou au plaisir qui le subjugue. Cette délectation venant tantôt de la nature ou de la concupiscence et tantôt de la grâce ou du ciel, dans le premier cas, l'impulsion est fatalement et essentiellement mauvaise et ne peut produire que des péchés ; dans le second cas, c'est la charité qui agit et elle ne peut faire naître que de bonnes œuvres.

Ces deux délectations, suivant l'expression de Jansénius, sont par rapport à l'âme ce que sont les poids par rapport à une balance, dont l'un des bassins ne peut s'élever sans que l'autre s'abaisse. L'homme, soumis à cette double influence, fait nécessairement le bien ou le mal, selon qu'il est dominé par la concupiscence ou la grâce. C'est un automate qui n'est pas maître de ses déterminations et de ses actions, puisque, quoi qu'il fasse, il obéit nécessairement à l'attrait victorieux, sans pouvoir même lutter contre cette force irrésistible qui lui est imposée.

D'après ce principe, Jansénius devait dire qu'il y a des commandements de Dieu que des hommes justes ne peuvent accomplir. Car toutes les fois que le juste se met en opposition avec la loi divine, sa faute provient uniquement de ce qu'il n'a pas eu la grâce qui lui eût été nécessaire pour lui donner la force de faire ce qui lui était prescrit.

Jansénius devait ensuite soutenir qu'on ne résiste

jamais à la grâce intérieure, puisqu'il la croyait nécessitante.

De ces deux erreurs en découlait une troisième, c'est que si nous avons une liberté exempte de contrainte, c'est-à-dire, si nous ne faisons que des actes auxquels nous donnons notre assentiment, nous n'avons pas pour cela une liberté exempte de nécessité, puisque nous sommes toujours sous l'empire de la fatalité.

Dans les deux dernières propositions, en déclarant qu'il est semi-pélagien de dire que la volonté de l'homme peut se soumettre ou résister à la grâce, et d'enseigner que Jésus-Christ est mort et a répandu son sang pour tous les hommes, Jansénius censurait tout simplement la doctrine catholique et ajoutait au fatalisme abrutissant de Luther et de Baïus les doctrines désespérantes et barbares de Calvin sur la prédestination.

Ces cinq propositions ayant été déférées au Saint-Siège, Innocent X nomma une commission chargée de les examiner. Cette commission procéda avec une sage lenteur, car elle mit deux ans à l'examen de cette affaire. Enfin, le 31 mai 1653, parut la bulle *Cum occasione* qui condamnait les cinq propositions.

Elle fut reçue en France par tout l'épiscopat. Trente évêques, qui se trouvaient à Paris lorsqu'elle y arriva, écrivirent à Innocent X une lettre d'acceptation, dans laquelle ils lui disaient que Pierre avait parlé par sa bouche, et que, comme autrefois le quatrième concile général le disait dans ses acclamations au pape saint Léon, ils mettraient avec joie cette constitution dans les fastes sacrés de l'Église, de même qu'on y mettait anciennement les conciles œcuméniques.

Les évêques d'Aleth et de Pamiers, qui n'avaient pas voulu demander au Pape la condamnation de l'*Augustinus*, acceptèrent eux-mêmes la bulle d'Innocent X, et la publièrent dans leur diocèse. La Sorbonne la reçut unanimement; tous les ordres religieux, toutes les communautés, toutes les universités de France s'y soumirent avec un égal empressement. Le P. Thomassin, de l'Oratoire, le Franciscain Luc Wadding et d'autres savants, qui avaient cru qu'on pouvait soutenir les cinq propositions, s'empressèrent de se rétracter. Tous les théologiens espagnols acceptèrent la bulle et elle fut publiée dans les Pays-Bas par le clergé et les universités.

On répandit même le bruit que les solitaires de Port-Royal se soumettaient sans distinction et saint Vincent de Paul leur fit une visite pour les féliciter de leur obéissance et leur témoigner tout particulièrement son estime et son affection.

Si les disciples de Saint-Cyran avaient été de bonne foi, on aurait pu dire, comme autrefois saint Augustin au sujet de Pélage : « Rome a parlé, la cause est finie. » Mais il n'en fut pas ainsi.

Avant leur condamnation, les Jansénistes avaient tout mis en œuvre pour détourner le coup qui les menaçait. Quand ils se virent frappés, ils eurent recours à toutes les subtilités et à tous les subterfuges imaginables pour éluder les censures dont ils étaient atteints.

Arnauld, Nicole et une foule d'autres savants illustres se mirent à la tête du parti et abusèrent de leur talent pour embrouiller la question par de vaines subtilités. La bulle d'Innocent X ayant été universellement acceptée, ils feignirent d'abord de condamner avec elle les cinq propositions et de leur infliger les censures qu'elle leur infligeait. Mais ils prétendirent que ces propositions n'étaient pas dans Jansénius, et qu'en les frappant le Pape n'avait nullement atteint l'*Augustinus*.

C'est là ce qui donna naissance à la fameuse distinction de la question de droit et de fait, dont il est parlé dans la première Provinciale. Les cinq propositions sont-elles hérétiques ? Telle était la question de droit. Se trouvent-elles dans le livre de Jansénius et y sont-elles dans le sens où elles sont condamnées ? C'est ce qui faisait l'objet de la question de fait.

Les Jansénistes soutenant que ce dernier point n'avait pas été défini par Innocent X, trente-neuf évêques s'assemblèrent à Paris pour mettre fin à tous ces subterfuges en déclarant « que la constitution du Pape avait condamné les cinq propositions comme étant de Jansénius et au sens de Jansénius lui-même ». Ils envoyèrent leur décision au Saint-Siège, le priant de la confirmer de son autorité apostolique.

Innocent X leur répondit par un bref du 29 septembre 1654, dans lequel il déclare lui-même que, par sa constitution du 31 mai 1653, « il a condamné dans les cinq propositions la doctrine de Jansénius, contenue dans son *Augustinus* ».

Il n'était pas possible d'être plus net et plus explicite.

Arnauld n'en publia pas moins deux lettres dans lesquelles il prétendait que les cinq propositions ont été forgées par les partisans de la doctrine contraire à celle de saint Augustin; qu'elles n'ont été soutenues par personne; qu'en les attribuant à Jansénius on impose des hérésies à un évêque catholique qui ne les a point admises; qu'ayant lu avec attention l'*Augustinus,* il ne les y a point trouvées; que ses amis pensent de même et qu'ils ne peuvent souscrire à un fait que leur conscience récuse.

Tout en repoussant ces propositions, il avait renouvelé l'une d'elles sous une autre forme, en disant dans ces fameuses lettres : « que la grâce, sans laquelle on ne peut vivre, avait manqué à un juste en la personne de saint Pierre, en une occasion où l'on ne peut pas dire qu'il n'avait pas péché. » C'était reproduire sous une autre forme la première des cinq propositions.

Ces lettres d'Arnauld furent déférées à la Sorbonne, et malgré les efforts de Saint-Amour et de soixante-deux docteurs attachés à Port-Royal, elles furent censurées par un décret du 29 janvier 1656, et Arnauld fut rayé du nombre des docteurs pour n'avoir pas voulu se soumettre à cette censure.

Pendant qu'on travaillait au procès, Pascal se trouvant chez Arnauld à Port-Royal, les amis du grand docteur lui demandèrent s'il se laisserait condamner comme un enfant sans rien dire. Cela n'était pas dans son caractère et il leur lut une nouvelle lettre qu'il avait préparée. Ils l'écoutèrent sans rien dire. « Je vois bien à votre silence, dit Arnauld, que vous trouvez cet écrit mauvais et je crois que vous avez raison. Mais vous qui êtes jeune et curieux, ajouta-t-il en se tournant vers Pascal, vous devriez faire quelque chose. » Montalte, c'était le pseudonyme de Pascal, qui n'avait encore, dit Nicole presque rien écrit et qui ne connaissait pas combien il était capable de réussir dans ces sortes d'ouvrages, répondit qu'il concevait à la vérité comment on pouvait faire ce *factum;* mais que tout ce qu'il pouvait promettre était d'en ébaucher un projet, en attendant qu'il se trouvât quelqu'un qui pût le polir et le mettre en état de paraître.

Pascal, étant retourné à Paris, se mit à l'œuvre et quelques jours après il revint trouver Arnauld avec quelques feuilles qu'il avait écrites. Le grand docteur en interrompit plusieurs fois la lecture en s'écriant avec enthousiasme : « C'est cela, c'est excellent, cela sera goûté ; il faut le faire imprimer. » C'était la première Provinciale.

§ 3. — LES PROVINCIALES. ANALYSE DE L'OUVRAGE.

Les trois premières ont pour objet la question de la grâce. L'arrêt de la Sorbonne sur les deux lettres d'Arnauld n'était pas encore rendu, mais les Port-Royalistes savaient bien qu'il serait condamné. Pour parer le coup ou du moins pour l'amortir, Pascal le devança et écrivit ses deux premières lettres sur les discussions de la Sorbonne. Il représenta ces discussions comme des discussions purement oiseuses qui roulaient sur le pouvoir *prochain* et la grâce *suffisante,* deux mots énigmatiques que chacun entendait à sa manière et dont on prenait prétexte pour attaquer M. Arnauld.

La discussion, au lieu d'être une discussion dogmatique, n'était tout au plus qu'une discussion grammaticale dont on aurait pu se divertir, si l'on n'avait pas supposé que la foi y était intéressée. Aussi Pascal se fit-il répondre par son Provincial : « Vos deux lettres n'ont pas été pour moi seul. Tout le monde les voit, tout le monde les entend, tout le monde les croit. Elles ne sont pas seulement estimées par les théologiens ; elles sont aussi agréables aux gens du monde et intelligibles aux femmes mêmes.

« Voici ce que m'en écrit un de messieurs de l'Académie, des plus illustres entre ces hommes tous illustres, qui n'avait encore vu que la première : « Je voudrais que la Sorbonne, qui doit tant à la mémoire de feu M. le Cardinal, voulût reconnaître la juridiction de son académie française. L'auteur de la lettre serait content ; car, en qualité d'académicien, je condamnerais d'autorité, je bannirais, je proscrirais, peu s'en faut que j'aie dit que j'exterminerais de tout mon pouvoir ce pouvoir prochain, qui fait tant de bruit pour rien, et sans savoir autrement ce qu'il demande. Le mal est que notre pouvoir académique est un pouvoir fort éloigné et borné. J'en suis marri ; et je le suis même beaucoup de ce que tout mon petit pouvoir ne saurait m'acquitter envers vous, etc. »

La tactique des Jansénistes était de faire croire qu'il ne s'agissait entre eux et leurs adversaires que d'une dispute de mots. Mais toutes ces plaisanteries sur le pouvoir prochain n'empêchèrent pas la censure de paraître. L'arrêt en fut rendu le jour même où Pascal terminait sa seconde lettre.

Il écrivit immédiatement sa troisième lettre pour prouver que l'arrêt de la Sorbonne était injuste, nul et absurde. En condamnant M. Arnauld on avait condamné les Pères de l'Eglise, saint Augustin, saint Chrysostome. Ce n'est pas d'ailleurs sa doctrine que l'on a voulu condamner, c'est sa personne. « C'est ici une hérésie d'une nouvelle espèce, c'est une hérésie personnelle. M. Arnauld n'est pas hérétique pour ce qu'il a dit ou écrit, mais seulement parce qu'il est M. Arnauld.

C'est tout ce qu'on trouve à redire en lui. Quoi qu'il fasse, s'il ne cesse d'être, il ne sera jamais bon catholique. La grâce de saint Augustin ne sera jamais la véritable tant qu'il la défendra. Elle le deviendrait, s'il venait à la combattre. Ce serait un coup sûr et presque le seul moyen de l'établir, et de détruire le molinisme; tant il porte de malheur aux opinions qu'il embrasse. »

Ces trois lettres eurent un très grand retentissement. Les Port-Royalistes ne regardaient pas à la dépense quand il s'agissait des intérêts de leur parti. Aussitôt que ces lettres parurent, ils en firent des paquets qu'ils expédièrent *franco* dans toute la France pour être distribués *gratis* à tous ceux qu'ils espéraient gagner à leur doctrine. « Jamais, dit le Père Daniel, jamais la poste ne fit de plus grands profits. On en envoya des exemplaires dans toutes les villes du royaume, et quoique je fusse assez peu connu de messieurs de Port-Royal, j'en reçus dans une ville de Bretagne, où j'étais alors, un gros paquet port payé (1). »

Cependant si Pascal s'était arrêté là et s'il s'était borné à plaisanter sur les matières de la grâce et la censure de la Sorbonne, ces spirituels pamphlets seraient aujourd'hui oubliés comme les discussions qui les ont inspirés. Mais le chevalier de Méré conseilla à Pascal de laisser là le pouvoir prochain, la grâce suffisante et la grâce actuelle et de s'ouvrir une plus grande carrière en attaquant la Compagnie de Jésus par rapport à la morale.

C'est ce qu'il fit dans les sept lettres suivantes, de la quatrième à la onzième.

« Si l'on jette les yeux sur les éditions originales, dit Sainte-Beuve, l'impression même atteste qu'il y a là un redoublement et que l'affaire décidément s'engage. Les trois premières lettres, en plus gros caractères, faisaient à peu près chacune huit pages in-4°. Avec la quatrième les caractères deviennent plus serrés, plus

---

1. *Entretiens de Cléanthe et d'Eudoxe,* 1er entretien, page 19.

fins, la matière plus dense. Les lettres n'excèdent pourtant jamais les huit pages in-4°, excepté la seizième (qui encore a son post-scriptum d'excuse) et les deux suivantes et dernières, où le restant de la polémique déborde. Jusque-là, au plus fort du combat, Pascal, de plus en plus écrivain et maître de sa plume, s'était fait une loi de réduire et de faire tomber juste à une certaine mesure chaque petit acte, observant en cela une idée de proportion et de nombre (¹). »

La quatrième lettre fait transition. Il y traite encore de la grâce, mais il arrive à la morale et commence l'attaque par les péchés d'ignorance, sur lesquels il prétend les Jésuites coupables de relâchement.

Dans la cinquième, il expose ce qu'il appelle leur système. Ils ont imaginé une morale facile qui permet à peu près à tout le monde de satisfaire ses passions tout en fréquentant les sacrements. Ils ont quelques casuistes sévères à l'usage des âmes timorées et scrupuleuses, mais ils en ont un bien plus grand nombre de relâchés. Leur but n'est pas de corrompre leurs pénitents, mais de les gagner et d'arriver ensuite à dominer les consciences. Ils font pour cela un grand usage du probabilisme, qui est leur doctrine par excellence, et ils substituent habituellement leurs moralistes, qui sont des auteurs modernes et inconnus, à la place des Pères, dont les lumières seraient accablantes pour leur misérable dessein.

La sixième dévoile les artifices prétendus qu'ils emploient pour éluder l'autorité de l'Evangile, des Conciles et des Papes qui leur est contraire. Une fois à l'aise de ces différents côtés, ils tirent du probabilisme des conséquences et arrivent à favoriser les bénéficiers, les prêtres, les religieux et les domestiques eux-mêmes en les déchargeant de toutes les obligations et de tous les devoirs les plus pénibles et les plus onéreux.

Ils ne s'arrêtent pas là. Ils ont un art merveilleux

1. *Port-Royal*, t. III, page 451.

pour diriger l'intention et, à l'aide de cette subtilité, ils arrivent à transformer les actes les plus pervers. Ils ont même des excuses, des atténuations pour le plus grand des crimes, pour l'homicide, qu'ils permettent pour de vains prétextes, par exemple la défense de l'honneur et des biens, et cela aux prêtres, aux religieux eux-mêmes. (VIIe lettre.)

Ils ne sont pas moins faciles sur le septième commandement que sur le cinquième. Ils autorisent le juge à recevoir des présents, à juger d'après une opinion probable contre son propre sentiment. Ils exemptent de la restitution les gens d'affaires qui sont malhonnêtes, les usuriers, les banqueroutiers et tous ceux qui par des moyens quelconques mettent la main sur le bien d'autrui. (VIIIe lettre.)

Ils ont introduit une fausse dévotion à la sainte Vierge et ont inventé le moyen de se sauver sans prier et parmi les douceurs et les commodités de la vie. C'est le secret de leur dévotion aisée. Leurs maximes sur l'ambition, l'envie, la gourmandise, les équivoques, les restrictions mentales, autorisent les mensonges et permettent à l'homme de satisfaire toutes ses passions. (IXe lettre.)

Enfin, pour comble, ils ont apporté au sacrement de pénitence mille adoucissements par leurs maximes touchant la confession, la satisfaction, l'absolution, les occasions prochaines du péché, la contrition et l'amour de Dieu. (X^e lettre.)

Pascal ne composa pas ces sept lettres avec la même rapidité que les trois premières. Celles-ci ne lui avaient pas demandé de recherches, elles lui avaient été inspirées par ce qui se disait et se faisait autour de lui. La première est du 23 janvier et la troisième du 9 février. Elles ne lui avaient donc demandé qu'une quinzaine de jours.

Les sept lettres suivantes lui prirent près de six mois. C'eût été bien peu s'il lui avait fallu lire tous les auteurs qu'il nomme, tous les ouvrages qu'il cite. Pascal n'était pas érudit, ses travaux antérieurs ne l'avaient nullement préparé à cette polémique. Avant de l'entreprendre il n'avait assurément lu aucun des casuistes qu'il dénonce comme des falsificateurs de la saine morale.

La seule chose qui atténue ses torts, c'est qu'il a reçu de confiance les matériaux qui lui ont été fournis par Arnauld, Nicole et les savants de Port-Royal. Quoiqu'il dise « qu'il n'a pas employé un seul passage sans l'avoir lu lui-même dans le livre cité, et sans avoir examiné la matière sur laquelle il est avancé, et sans avoir lu ce qui précède et ce qui suit (¹) », il est permis d'en douter.

C'est d'ailleurs ce qu'on peut dire de mieux pour sauvegarder sa bonne foi. Car si l'on ne veut pas faire de Pascal un méchant et un malhonnête homme, il faut dire qu'il s'est occupé de choses qu'il ne connaissait pas, qu'il a vu toutes les questions au point de vue que lui ont suggéré ses amis, qu'il a accepté de confiance les matériaux qu'ils lui ont fournis, et qu'il s'est borné à les mettre en œuvre, à les placer, à les polir de manière à rendre ses lettres attrayantes et agréables, malgré l'aridité des matières qu'il avait à traiter. C'est ce qui lui a demandé de grands efforts. Car Nicole raconte qu'il revenait sans cesse sur son premier travail et qu'il est des lettres, la *seizième* par exemple, qu'il a recopiée jusqu'à dix-huit fois.

Mais les Jésuites ne pouvaient pas subir ces attaques sans répondre. A chaque lettre le P. Nouet relevait toutes les erreurs, toutes les faussetés, toutes les calomnies qu'elle renfermait. Son style n'avait pas la magie de celui de Pascal ; mais il citait des faits, il relevait l'inexactitude des citations et à la x$^\text{e}$ lettre il était arrivé à l'énumération de la vingt-troisième imposture.

Alors Pascal, se sentant fortement attaqué, se voit obligé de se défendre. A la xi$^\text{e}$ lettre, il entre dans la lice la visière relevée, il se nomme, il ne s'adresse

---

1. *Pensées*, fragm. t. 1, p. 368. édit. de M. Faugère.

plus à un provincial quelconque, mais aux Jésuites eux-mêmes : *Mes Révérends Pères,* dit-il.

Il avait employé jusque-là la raillerie, il s'en justifie. Mais tout en établissant la légitimité de cette arme, il la dépose et il revient sur les matières qu'il a traitées pour faire voir qu'il n'a rien dit de faux et d'exagéré. Tel est l'objet des six lettres suivantes.

Dans la xie, il montre qu'il est permis de réfuter par des railleries les erreurs ridicules, qu'il y a des règles à observer quand on se sert de cette arme, qu'il a toujours eu soin de les respecter, mais qu'il n'en est pas de même de ses adversaires.

Dans la xiie, la xiiie et la xive, il revient sur ce qu'il avait dit sur l'aumône, la simonie, les usuriers, les banque-routiers, le probabilisme et l'homicide.

Les Jésuites l'accusent de calomnies, mais il n'y a pas de plus grands calomniateurs que les Pères. Ils ont calomnié de Saint-Cyran, ils ont calomnié Arnauld, ils ont calomnié les religieuses de Port-Royal. Ils ont osé suspecter la foi de ces saintes femmes en la présence réelle, bien qu'elles soient perpétuellement en adoration devant le saint sacrement. C'est alors qu'il s'écrie : « Cruels et lâches persécuteurs, faut-il donc que les cloîtres les plus retirés ne soient pas des asiles contre vos calomnies ! Pendant que ces saintes vierges adorent nuit et jour Jésus-Christ au saint sacrement, selon leur institution, vous ne cessez nuit et jour de publier qu'elles ne croient pas qu'il soit ni dans l'Eucharistie, ni même à la droite de son Père, et vous les retranchez publiquement de l'Eglise, pendant qu'elles prient dans le secret pour vous et pour toute l'Eglise. Vous calomniez celles qui n'ont point d'oreilles pour ouïr, ni de bouche pour vous répondre. Mais Jésus-Christ, en qui elles sont cachées pour ne paraître qu'un jour avec lui, vous écoute et répond pour elles. »

Après la xvie lettre, on pouvait croire la lutte terminée Mais le P. Annat ayant dit que Pascal était hérétique et qu'il l'était autant de fois qu'il avait écrit de lettres, l'auteur des *Provinciales* rentre dans la lice et écrit deux nouvelles lettres, la xviie et la xviiie, sur l'interminable question du fait et du droit.

Ainsi sur les dix-huit lettres dont se composent les *Provinciales*, il y en a cinq sur les matières jansénistes de la grâce, les trois premières et les deux dernières ; les treize autres se rapportent exclusivement aux Jésuites et à leur morale.

§ 4. — APPRÉCIATION MORALE DES PROVINCIALES.

Le premier tort des *Provinciales* est de n'être qu'un sophisme perpétuel. On a toujours reproché à Pascal d'avoir, contrairement aux règles de la logique, conclu du particulier au général en rendant toute la Compagnie de Jésus responsable des erreurs de quelques-uns de ses membres. Il s'en défend en disant dans sa xviie lettre au P. Annat : «Vous composez véritablement un corps uni sous un seul chef, et vos règles, comme je l'ai fait voir, vous défendent de rien imprimer sans l'aveu de vos supérieurs, qui sont rendus responsables des erreurs de tous les particuliers, sans qu'ils puissent s'excuser en disant qu'ils n'ont pas remarqué les erreurs qui y sont enseignées, parce qu'ils les doivent remarquer, selon vos ordonnances et selon les lettres de vos généraux Aquaviva, Vitelleschi, etc. C'est donc avec raison qu'on vous reproche les égarements de vos confrères qui se trouvent dans leurs ouvrages approuvés par vos supérieurs et par les théologiens de votre Compagnie.(1). »

Cette conséquence est évidemment forcée. A la vérité, selon la remarque du P. Daniel, les Jésuites, comme tous les autres ordres religieux, ont pour règle de ne rien imprimer sans la permission de leur général. Mais le général ne lit pas lui-même tous les livres que ses religieux publient : sa vie n'y suffirait pas. Il donne pouvoir aux provinciaux d'approuver les livres qui se

---

1. *Provinciales*, lettre xviie.

font dans leur district. Ceux-ci nomment une commission de trois personnes sur le suffrage desquelles ils donnent ou refusent leur approbation. Ces examinateurs ont pour régle de juger non pas d'après leurs idées personnelles, mais (surtout en matière de théologie) conformément aux sentiments communément reçus dans les universités et les écoles catholiques. « Voilà, ajoute le P. Daniel, la manière dont les choses se font, et il est impossible qu'elles se fassent autrement. Ainsi vous voyez qu'il n'y a guère de différence entre un livre imprimé avec l'approbation de trois docteurs de Sorbonne, par rapport à toute la maison de Sorbonne, et un livre imprimé avec l'approbation de trois théologiens jésuites, par rapport à toute la Compagnie des Jésuites (1). »

Une seconde observation, qui n'est pas moins frappante, c'est qu'en attaquant les Jésuites, Pascal a attaqué en même temps tous les théologiens catholiques. Il y avait des casuistes dans tous les ordres religieux et dans toutes les universités.

Au moyen âge, les théologiens s'étaient efforcés principalement de systématiser toute la théologie et de faire de ses principes dogmatiques et moraux un seul corps de doctrine. Ces efforts ont abouti à la *Somme théologique* de saint Thomas, qui a toujours été considérée comme le plus splendide édifice que le génie de l'homme ait pu élever à la gloire de la science révélée.

Les principes établis, il fallait, au point de vue de la morale, en déterminer l'application pratique. C'est ce qui a fait naître le *Casuisme*. Comme on avait la Somme théologique, on a voulu aussi faire la Somme des cas de conscience. Les théologiens se sont appliqués à faire sur chaque question une foule de suppositions pour apprendre aux confesseurs la décision qu'ils devraient donner à leurs pénitents qui les consultent sur leurs difficultés de conscience.

1. *Entretiens de Cléanthe et d'Eudoxe*, t. II, pages 32 et suiv.

Parmi ces cas de conscience, il y en a sans doute de chimériques. On en trouve même de puérils et de ridicules, et il ne pouvait pas en être autrement. Mais il n'y a pas que les théologiens des Jésuites qui soient tombés dans ces excès; on peut en dire autant de tous les autres et s'il se rencontre dans ces auteurs des solutions inexactes ou fausses, on ne peut pas dire qu'elles aient mis en péril la morale.

Le Saint-Siége a toujours veillé sur cette partie de l'enseignement comme sur tout le reste de la doctrine. Il a condamné les propositions trop sévères, aussi bien que celles qui étaient trop relâchées, et il a indiqué le milieu dans lequel on devait se tenir sans se porter vers aucun extrême.

Ainsi le probabilisme, dont Pascal fait tant de bruit, n'a jamais eu le caractère qu'il lui suppose, comme nous le ferons voir dans notre avertissement sur la XIIIᵉ lettre. Ce ne sont pas les Jésuites qui l'ont inventé, il existait avant eux. Ils ne l'ont pas tous adopté, car il y a eu parmi eux des probabilistes et des probabilioristes. Mais cette doctrine, renfermée dans de sages limites, est essentielle pour faire à la liberté humaine sa part légitime et ne pas rendre le devoir impossible en écrasant l'homme par la tyrannie d'un rigorisme intolérable.

C'est ce que faisaient les Jansénistes avec leur *tutiorisme* que d'ailleurs le Saint-Siége a condamné. « Le christianisme, disait d'Aubigny à Saint-Évremond, est divin, mais ce sont des hommes qui le reçoivent; et, quoi qu'on fasse, il faut s'accommoder à l'humanité. Une philosophie trop austère fait peu de sages; une politique trop rigoureuse, peu de bons sujets; une religion trop dure, peu d'âmes religieuses qui le soient longtemps. Les doctrines de Port-Royal font une violence éternelle à la nature; elles ôtent de la religion ce qui nous console; elles y mettent la crainte, la douleur, le désespoir. Les Jansénistes, voulant faire des saints de tous les hommes, n'en trouvent pas dix dans un royaume pour faire des chrétiens tels qu'il les veulent. »

Mais quel pouvait être le but des Jésuites en adoptant, comme Pascal le suppose, les solutions les plus contradictoires sur toutes les questions? Leur objet, dit-il, n'était pas de corrompre les mœurs, ce n'était pas leur dessein. Mais ayant assez bonne opinion d'eux-mêmes pour croire qu'il est utile et comme nécessaire au bien de la religion que leur crédit s'étende partout et qu'ils gouvernent toutes les consciences, il faut qu'ils aient des casuistes assortis à toutes les conditions et qu'ils aient des principes sévères et faciles suivant les circonstances (¹).

D'après cette hypothèse, la morale aux yeux des Jésuites aurait été sans fondement. Cette vaste Compagnie n'aurait été composée que de sceptiques se faisant un jeu des préceptes les plus graves et les plus sérieux. Comment cette réunion d'hommes qui n'auraient rien vu d'obligatoire dans la morale aurait-elle pu donner au monde l'exemple de toutes les vertus?

Car, de l'aveu même de leurs adversaires, les Jésuites ont toujours été considérés comme des hommes irréprochables. « Leurs mœurs, disait Mgr Fitz-James, le seul évêque qui ait voté pour leur abolition en 1761, sont pures. On leur rend volontiers la justice de reconnaître qu'il n'y a peut-être point d'ordre dans l'Eglise dont les religieux soient plus réguliers et plus austères dans leurs mœurs. »

C'est aussi la remarque que fait d'Alembert. A tous leurs titres littéraires et scientifiques, à la considération, il faut, dit-il, en ajouter un autre qui n'est pas moins efficace : c'est la régularité de la conduite et des mœurs. Leur discipline sur ce point est aussi sévère que sage ; et, quoi qu'en ait publié la calomnie, il faut reconnaître qu'aucun ordre religieux ne donne moins de prise à cet égard (²).

Si leur morale n'avait pas été exacte et même sévère,

1. Lettre ᵛᵉ.
2. Sur la destruction des Jésuites.

où auraient-ils puisé la force et le courage que supposent toutes les grandes choses qu'ils ont faites ? S'ils n'avaient pas eu des convictions fermes et inébranlables au point de vue du devoir, comment auraient-ils pu faire tous les actes de générosité et d'héroïsme qui les honorent ? « Il n'y a rien de plus inique, de plus contradictoire, de plus honteux, dit Voltaire, que d'accuser de morale relâchée des hommes qui mènent en Europe la vie la plus dure, et qui vont chercher la mort au bout de l'Asie et de l'Amérique ([1]). »

Les *Provinciales* furent d'abord condamnées par le Parlement d'Aix. L'archevêque de Rouen, de Harlay, qui fut depuis archevêque de Paris, publia contre elles un mandement dans lequel il prononçait l'excommunication *ipso facto* contre ceux qui les liraient. Le Souverain Pontife les frappa à peu près à la même époque. Les docteurs de Sorbonne, que le roi avait chargés d'examiner l'ouvrage, déclarèrent que l'hérésie de Jansénius y était fidèlement reproduite et qu'elles contenaient des sentiments injurieux pour les papes, les évêques, le roi, la faculté de théologie de Paris et quelques ordres religieux (1660). Sur cette déclaration, le conseil d'Etat ordonna que le livre serait lacéré et brûlé par la main du bourreau.

On trouvera peut-être étrange que ces *Petites Lettres* aient si profondément ému l'Eglise et l'Etat et qu'en plein xvii* siècle on ait allumé des bûchers pour les brûler. Mais si on réfléchit à la nature de l'attaque, on se rendra aisément compte de l'effet qu'elle produisit. Derrière les Jésuites que Pascal avait calomniés, se trouvaient tous les casuistes, tous les théologiens moralistes qu'il avait frappés des mêmes coups. Les docteurs de Sorbonne ne se le dissimulaient pas, et c'est un des considérants de leurs censures. L'Etat qui avait pour base la religion se trouvait être lui-même attaqué.

1. Lettre au P. Latour, du 7 février 1746.

Ces pamphlets, dont l'auteur se disait soumis aux jugements du Pape et de l'Eglise, n'en étaient pas moins l'apologie directe de l'hérésie, et cette hérésie était sans contredit la plus perfide de toutes celles qui ont paru dans les temps modernes. C'était aussi celle qui était le plus directement opposée aux progrès de la civilisation.

Car au moment où les sciences commençaient à se développer, les Jansénistes entreprenaient de décourager la raison humaine, en doutant d'elle-même et en traitant avec dédain les sciences naturelles que l'on cultivait avec tant d'ardeur. Ces sectaires, avec leurs doctrines exagérées, voulaient jeter l'esprit humain dans un surnaturalisme insensé et superstitieux. Leur mysticisme rêvait une perfection impossible, et tout en protestant de leur foi en Jésus-Christ et en sa grâce, leurs docteurs publiaient des livres pour éloigner les fidèles des sacrements, sous prétexte que leur fréquentation exige une pureté que nous ne sommes jamais sûrs d'avoir. Ces écrivains violents, que la morale relâchée des Jésuites indignait, prétendaient que nous ne sommes pas maîtres de nos actions et renversaient ainsi, par leur fatalisme, la morale elle-même, puisqu'ils enlevaient à l'homme toute responsabilité !

On peut voir ce que ce déplorable système aurait fait de la société, en considérant ce qu'il a fait de Pascal lui-même. Ce grand génie s'étant fait janséniste et ayant ensuite suivi sa sœur Jacqueline à Port-Royal, cette double évolution, que Mme Périer appelle sa double conversion, ne fut en réalité, à notre avis, qu'une double chute. Devenu janséniste, Pascal se montra immédiatement intolérant, mécontent de lui-même et des autres. Il dénonça le frère Saint-Ange, dont les doctrines philosophiques lui avaient paru suspectes et le traita avec une sévérité que l'inquisition n'a jamais connue. Il n'eut plus que de l'éloignement et du mépris pour les sciences qui avaient fait sa gloire. Il ne s'en occupa plus que par manière de distraction, et encore se reprocha-t-il, comme du temps perdu, les

rares instants qu'il leur consacra. Il fut injuste pour
Descartes, qui l'avait mis sur la voie de l'une de ses plus
belles découvertes. Son imagination malade fit de ce
génie dévoyé un visionnaire fanatique. Ne croyant ni à
la raison humaine, qu'il supposait incapable d'arriver à
la vérité, ni à la volonté, qu'il prétendait détruite par
le péché et impuissante pour le bien, il fit consister
la perfection dans l'anéantissement de ses facultés.
Sous la direction de ses nouveaux maîtres, il poussa si
loin cette espèce de suicide moral et intellectuel qu'il
en vint, dans ses derniers jours, à l'oubli le plus incon-
cevable de sa dignité personnelle. Pascal janséniste
aurait été certainement un objet de raillerie et de mépris pour les rationalistes, s'il n'avait pas été un sec-
taire, un ennemi de l'Eglise.

§ 5. — JUGEMENTS LITTÉRAIRES.

Les Provinciales ne sont qu'un pamphlet, mais, comme
l'a dit Chateaubriand, leur auteur est un calomniateur
de génie. Nos réserves faites pour le fond, nous ne
craignons pas de rendre pleine justice à la forme. Si
les *Petites Lettres* ne sont pas, comme on l'a prétendu,
le chef-d'œuvre de la littérature française, elles étaient
du moins, selon la remarque de M. l'abbé Maynard (¹),
l'ouvrage le plus parfait qui eût été écrit dans notre
langue à l'époque où elles ont paru.

On dit que dans un dîner chez Lamoignon, où se trouvaient Bourdaloue, Boileau et un autre poète, la conver-
sation étant tombée sur la fameuse question des anciens
et des modernes, Boileau soutint naturellement la supé-
riorité des anciens, ne faisant qu'une exception en faveur
d'un moderne qu'il mettait au-dessus des vieux et des

---

1. L'abbé Maynard, *les Provinciales*. Introduction, page 56 : c'est la
seule édition où l'on trouve, à côté des erreurs de Pascal, leur réfu-
tation. Ce travail, que nous avons souvent mis à profit, est fait avec
beaucoup de soin et d'érudition. On peut dire que l'auteur a épuisé son sujet.

nouveaux. Bourdaloue ayant voulu savoir quel était cet écrivain : Eh bien! morbleu, mon Père, lui dit Despréaux, c'est Pascal.

Voltaire raconte aussi quelque chose de semblable de Bossuet : « L'évêque de Luçon, fils du célèbre Bussy, m'a dit qu'ayant demandé à M. de Meaux quel ouvrage il eût mieux aimé avoir fait, s'il n'avait pas fait les siens, Bossuet lui répondit : les Lettres Provinciales. » Mais cette anecdote, que l'on trouve dans le *Siècle de Louis XIV,* me paraît peu vraisemblable (¹).

Ce qu'il y a de certain, c'est que Mme de Sévigné, qui était bien quelque peu janséniste, lisait souvent les *Provinciales* et que c'était une de ses lectures favorites. « Quelquefois, écrit-elle à sa fille (²), pour nous divertir nous lisons les *Petites Lettres :* bon Dieu ! quel charme et comme mon fils les lit ! Je songe toujours à ma fille ; et combien cet excès de justesse et de raisonnement serait digne d'elle ; mais votre père dit que vous trouvez que c'est toujours la même chose. Ah ! mon Dieu ! tant mieux, peut-on avoir un style plus parfait, une raillerie plus fine, plus naturelle, plus délicate, plus digne fille de ces *Dialogues* de Platon, qui sont si beaux ! Et lorsque, après les dix premières lettres, il s'adresse aux révérends Pères, quel sérieux ! quelle solidité ! quelle force ! quelle éloquence ! quel amour pour Dieu et pour la vérité ! quelle manière de la soutenir et de la faire entendre ! C'est tout cela qu'on trouve dans les huit dernières lettres, qui sont sur un ton tout différent. Je suis assurée que vous ne les avez jamais lues qu'en courant, grapillant les endroits plaisants : mais ce n'est point cela quand on les lit à loisir. »

Daguesseau compare l'auteur des *Provinciales* à Démosthènes et à Cicéron. « Les *Lettres Provinciales,* et surtout les dernières, par rapport à l'objet qu'on se propose de plaire en prouvant, peuvent, dit l'immortel

---

1. Voyez notre édition du *Siècle de Louis XIV,* page 408.
2. Lettre du 14 décembre 1689.

magistrat, se placer hardiment à côté de ces grands orateurs ; et je ne sais quels sont ceux qui devraient avoir le plus de peur du voisinage. La quatorzième lettre surtout est un chef-d'œuvre d'éloquence, qui peut le disputer à tout ce que l'antiquité a le plus admiré ; et je doute que les *Philippiques* de Démosthènes et de Cicéron offrent rien de plus fort ou de plus parfait (¹). »

Voltaire les compare à Molière et à Bossuet. « Les meilleures comédies de Molière, dit-il, n'ont pas plus de sel que les premières *Lettres Provinciales*. Bossuet n'a rien de plus sublime que les dernières (²). »

Nous ajouterons à ces appréciations littéraires celles d'un de nos critiques modernes les plus célèbres, M. Villemain, qui parle ainsi de l'éloquence des dernières lettres : « Cette grande éloquence, dit-il, est le ton naturel des dernières Provinciales. Tout est amer, véhément, passionné. Ces mêmes questions sur lesquelles Pascal s'était joué d'abord et qu'il avait comme épuisées par la plaisanterie, il les reprend, il les renouvelle par le sérieux et la colère, au point de faire bien regretter à ses ennemis le style railleur dont ils s'étaient plaints d'abord (³). »

Indépendamment des considérations générales qui précèdent, nous avons cru utile de faire précéder d'un avertissement chacune des lettres désignées par les programmes. Cet avertissement en fait sommairement l'analyse et indique le point de vue auquel il faut se placer pour la bien comprendre et l'apprécier exactement.

1. Instruction sur l'étude et les exerc. etc.
2. *Siècle de Louis XIV*, chap. xxxvii, dans notre édition page 488
3. Villemain, de Pascal.

AVERTISSEMENT

SUR LA

PREMIÈRE PROVINCIALE

La première Provinciale fut composée à l'occasion des disputes qu'avaient soulevées en Sorbonne deux lettres d'Arnauld.

Dans ces deux lettres, Arnauld avait avancé deux erreurs : la première était que l'Eglise n'est pas infaillible dans les questions de fait, mais seulement dans les questions de droit ; qu'ainsi elle peut bien décider si les propositions de Jansénius sont hérétiques ou non, mais qu'il ne lui appartient pas de décider si elles sont dans les livres qu'il a publiés, ni en quel sens il les a entendues.

La seconde était que la grâce, sans laquelle on ne peut rien, manque en certains cas aux justes et qu'ils ne peuvent accomplir les commandements de Dieu.

Pascal veut faire croire que ces questions sont sans importance et que la Sorbonne se passionne pour des choses qui n'intéressent nullement la foi. Mais, pour peu qu'on réfléchisse, on voit au contraire que ces deux points sont fondamentaux.

D'abord relativement à la question de fait et à la question de droit que les Jansénistes avaient soulevée, il est certain qu'il y a des faits qui n'intéressent nullement la foi. Ainsi, comme l'a observé l'assemblée du clergé de France, il y a des faits historiques et scientifiques, des questions particulières ou personnelles, qui n'intéressent ni la foi, ni les mœurs, ni la discipline et qui ne relèvent nullement de l'autorité de l'Eglise. Mais il y a des faits qui tiennent au dogme et à la morale, sur lesquels l'infaillibilité de l'Eglise doit s'exercer. Les faits que les théologiens appellent *dogmatiques* ne peuvent être soustraits à l'autorité du Pape et des évêques sans rendre illusoire le privilège de l'infaillibilité de l'Eglise elle-même.

Car que deviendrait le pouvoir de l'Église si elle n'avait pas le droit de condamner un livre, ni même un individu, sous prétexte qu'elle n'a pas reçu des lumières spéciales pour comprendre le sens d'un ouvrage ou la doctrine d'un auteur?

Alexandre VII condamna, le 16 octobre 1656, l'erreur d'Arnauld qui avait été censurée par la Sorbonne le 29 janvier de la même année; ce qui n'empêcha pas Pascal, tout en protestant de sa soumission au Saint-Siège, d'écrire sur cette même question du fait et du droit sa dix-septième lettre, qui est du 29 janvier 1657.

La seconde erreur était la reproduction de la première proposition de Jansénius, qui suppose qu'il y a des commandements de Dieu que les justes ne peuvent accomplir, malgré leur bonne volonté, parce qu'ils n'ont pas la grâce qui leur serait nécessaire. Arnauld avait cité l'exemple de saint Pierre dans sa chute.

Calvin avait enseigné la même chose, et comme les docteurs catholiques s'étaient récriés contre ce fatalisme, qui fait de Dieu un être injuste qui commande des choses impossibles et qui punit ceux qui ne les font pas, les novateurs avaient cherché à déguiser leur pensée, en disant que le juste a le pouvoir, absolument parlant, d'accomplir les préceptes divins, mais que ce pouvoir est un pouvoir éloigné qui lui fait défaut au moment de l'action.

Pour éviter ces subtilités, les docteurs catholiques avaient soutenu que le juste a toujours le pouvoir *prochain,* c'est-à-dire le pouvoir réel, présent, immédiat d'accomplir la loi de Dieu et qu'il n'est coupable, lorsqu'il transgresse la loi, que parce qu'il pourrait, s'il le voulait, ne pas la transgresser.

Pascal tourne en ridicule ce pouvoir *prochain.* Ce mot, qui était en usage déjà depuis si longtemps dans l'école, est pour lui un mot nouveau; ce mot qui est si simple et si clair est un mot inintelligible dont personne ne connaît le sens.

Les docteurs étaient depuis longtemps divisés quand

il s'agissait d'expliquer scientifiquement les rapports de la grâce divine et de la liberté. Le Dominicain espagnol Dominique Bannez, docteur de Salamanque, avait imaginé le système de la prémotion physique, et était devenu le chef des Jacobins et des théologiens qu'on désignait sous le nom de nouveaux Thomistes.

Ce système qui, dans la conciliation de la puissance divine avec la liberté humaine, donnait à la grâce la plus grande influence, avait rencontré d'ardents adversaires parmi les Jésuites.

L'un d'eux, Molina, qui était aussi un Espagnol né à Cuença en 1535, dans la Vieille-Castille, opposa à ce système un système où il faisait la part plus large à la liberté humaine.

Molinistes et Thomistes s'étaient vivement combattus, l'affaire avait été portée à Rome et le Souverain Pontife, après un long examen, avait décidé que les deux sentiments pouvaient se soutenir et avait défendu aux deux partis de se censurer réciproquement.

Cette discussion était étrangère à la question soulevée par Jansénius, puisque Thomistes et Molinistes s'entendaient parfaitement sur la nécessité de la grâce et de la liberté dans les actions humaines.

Mais Pascal suppose au contraire que ces docteurs sont divisés sur le sens du pouvoir *prochain*, qu'ils admettent ce mot sans l'entendre et que toute la Sorbonne discute sans seulement connaître l'objet de la discussion.

Mlle Scudéry écrivait au correspondant de Pascal, au sujet de cette première lettre : « Je vous suis plus obligée que vous ne pouvez vous l'imaginer de la lettre que vous m'avez envoyée ; elle est tout à fait ingénieuse et tout à fait bien écrite. Elle narre sans narrer ; elle éclaircit les affaires les plus embrouillées ; elle raille finement ; elle instruit même ceux qui ne savent pas bien les choses ; elle redouble le plaisir de ceux qui les entendent. Elle est encore une excellente apologie, et, si l'on veut, une délicate et innocente censure. Et il y a enfin tant d'art, tant d'esprit et tant de jugement en cette lettre que je voudrais bien savoir qui l'a faite. »

Nous ne sommes pas de l'avis de Mlle Scudéry. Nous ne croyons pas que cette lettre éclaircisse les affaires les plus embrouillées. Nous ne craignons pas de dire au contraire qu'elle embrouille les affaires les plus claires et nous sommes persuadé que celui qui la lira sans prévention sera de notre sentiment.

Pascal n'instruit pas, parce qu'au lieu de traiter sérieusement les choses sérieuses, il les traite en se jouant et en se moquant. Il crée les confusions d'idées les plus étranges et, sans souci de la vérité, il fait naître des situations comiques qui rendent ridicules les personnages qu'il met en scène.

Ici il ne s'agit pas plus des Jésuites que des Dominicains, des Cordéliers et de tous les autres docteurs. La Sorbonne *entière* est moquée, insultée, et on ne peut pas dire cette critique innocente. Car Pascal a appris aux incrédules à se railler des choses les plus graves. Ce genre moqueur a été celui de Voltaire et de ses adeptes et rien n'a été plus funeste à la religion.

LES
PROVINCIALES [1]

LETTRES ÉCRITES
A UN PROVINCIAL [2]

PAR UN DE SES AMIS

PREMIÈRE LETTRE

Des disputes de Sorbonne, et de l'invention du pouvoir prochain, dont les Molinistes [3] se servirent pour faire conclure la censure de M. Arnauld.

De Paris, ce 23 anvier 1656.

Monsieur,

Nous étions bien abusés. Je ne suis détrompé que d'hier ; jusque-là j'ai pensé [4] que le sujet des disputes de Sorbonne était bien important, et d'une extrême

1. Ce titre est impropre. Ces lettres étant écrites de Paris sont plutôt *parisiennes* que *provinciales*. Le P Bouhours remarque d'ailleurs que ce mot se prenait toujours en mauvaise part. La préface de la première édition rejette la responsabilité du titre sur l'imprimeur.

2. Il y a des auteurs qui croient que ce provincial était Leroy, abbé de Hautefontaine, le correspondant d'Arnauld et de Nicole et qui était un ardent Janséniste, mais nous croyons plutôt, avec le P. Daniel, que c'était Périer, le beau-frère de Pascal, qui était conseiller de la Cour des Aides, à Clermont, en Auvergne.

3. Il pouvait ajouter les Molinistes et les Jacobins, car il convient dans la lettre que cette expression de *pouvoir prochain* était admise également par les théologiens des Jésuites et des Dominicains.

4. Grammaticalement il faudrait : jusque-là *j'avais pensé*.

conséquence pour la religion. Tant d'assemblées d'une Compagnie aussi célèbre qu'est la faculté de théologie de Paris, et où il s'est passé tant de choses si extraordinaires et si hors d'exemple, en font concevoir une si haute idée, qu'on ne peut croire qu'il n'y en ait un sujet bien extraordinaire (¹). Cependant vous serez bien surpris quand vous apprendrez par ce récit à quoi se termine un si grand éclat ; et c'est ce que je vous dirai en peu de mots, après m'en être parfaitement instruit.

On examine deux questions : l'une de fait, l'autre de droit (²).

Celle de fait consiste à savoir si M. Arnauld est téméraire pour avoir dit dans sa seconde lettre : « qu'il a lu exactement le livre de Jansénius et qu'il n'y a point trouvé les propositions condamnées par le feu Pape (³) ; et néanmoins, que comme il condamne ces propositions en quelque lieu qu'elles se rencontrent, il les condamne dans Jansénius, si elles y sont. »

La question sur cela est de savoir s'il a pu, sans témérité, témoigner par là qu'il doute que ces propositions soient de Jansénius, après que MM. les évêques ont déclaré qu'elles sont de lui.

On propose l'affaire en Sorbonne. Soixante et onze docteurs (⁴) entreprennent sa défense, et soutiennent qu'il n'a pu répondre autre chose à ceux qui par tant d'écrits lui demandaient s'il tenait que ces proposi-

---

1. Cette phrase est embarrassée. La répétition de ce mot est une négligence désagréable.

2. Les cinq propositions condamnées sont-elles dans Jansénius ? voilà la question de fait. Sont-elles hérétiques ? voilà la question de droit. Arnauld prétendait que l'Eglise n'était pas infaillible quand il s'agissait de juger les questions de fait, confondant ainsi les faits scientifiques avec les faits dogmatiques.

3. Les cinq propositions avaient été condamnées par Innocent X, le 31 mai 1653. Le Pontife avait ensuite déclaré, dans un bref du 19 septembre 1654, qu'il les avait condamnées au sens de Jansénius et comme étant de Jansénius; mais cela n'empêcha pas Arnauld de soutenir qu'elles n'étaient pas de Jansénius, ou du moins qu'on pouvait l'affirmer sans être hérétique. Alexandre VII avait succédé alors à Innocent X.

4. Le 14 janvier, quinze jours avant cette lettre sur la question de fait, il y avait eu cent trente docteurs qui avaient condamné la proposition d'Arnauld comme téméraire, soixante-huit docteurs s'étaient prononcés contre la condamnation publique et ils auraient voulu qu'on demandât à Arnauld une rétractation et qu'on s'en contentât. Mais ils ne songèrent nullement à entreprendre sa défense.

tions fussent dans ce livre, sinon qu'il ne les y a pas vues, et que néanmoins il les y condamne, si elles y sont.

Quelques-uns même, passant plus avant, ont déclaré que, quelque recherche qu'ils en aient faite, ils ne les y ont jamais trouvées, et que même ils y en ont trouvé de toutes contraires (1). Ils ont demandé ensuite avec instance que, s'il y avait quelque docteur qui les y eût vues, il voulût les montrer; que c'était une chose si facile, qu'elle ne pouvait être refusée, puisque c'était un moyen sûr de les réduire tous, et M. Arnauld même : mais on le leur a toujours refusé. Voilà ce qui s'est passé de ce côté-là.

De l'autre part se sont trouvés quatre-vingts docteurs séculiers, et quelque quarante religieux mendiants (2), qui ont condamné la proposition de M. Arnauld, sans vouloir examiner si ce qu'il avait dit était vrai ou faux; et ayant même déclaré qu'il ne s'agissait pas de la vérité, mais seulement de la témérité de sa proposition (3).

Il s'en est de plus trouvé quinze qui n'ont point été pour la censure, et qu'on appelle indifférents.

Voilà comment s'est terminée la question de fait, dont je ne me mets guère en peine : car, que M. Arnauld soit téméraire ou non, ma conscience n'y est pas intéressée (4). Et si la curiosité me prenait de savoir si ces

1. Il y a dans cet alinéa presque autant d'erreurs que de mots. Les cinq propositions sont bien dans l'*Augustinus*, on a fait voir les passages dont elles sont extraites et elles résument si bien la doctrine de l'auteur que Bossuet disait qu'elles renfermaient tout le livre. Voyez là-dessus un excellent ouvrage, l'*Histoire des cinq propositions*, par M. l'abbé Dumas, qui relève parfaitement toutes les erreurs de Pascal sur ce point dans les Iᵉ, IIᵉ, IIIᵉ, XVIIᵉ et XVIIIᵉ Provinciales.

2. Ces mendiants étaient docteurs comme les autres et avaient le même droit de suffrage. A ces cent vingt-trois docteurs, il faut ajouter sept évêques.

3. Comment la proposition aurait-elle pu être téméraire, si elle n'avait pas été fausse? On voit avec quelle légèreté Pascal parle de la Sorbonne, qui tenait pourtant le premier rang parmi les écoles théologiques du royaume.

4. Il nous est, en effet, indifférent de savoir si Arnauld est hérétique, téméraire ou s'il a encouru quelque autre censure. Mais il ne nous est pas indifférent de savoir si l'Eglise a le droit de condamner un livre ou non. Car si l'on eût admis la doctrine d'Arnauld et des Jansénistes, l'Eglise n'aurait plus pu condamner aucun ouvrage, attendu qu'on

propositions sont dans Jansénius, son livre n'est pas si rare, ni si gros, que je ne le puisse lire tout entier pour m'en éclaircir, sans en consulter la Sorbonne.

Mais, si je ne craignais aussi d'être téméraire, je crois que je suivrais l'avis de la plupart des gens que je vois, qui, ayant cru jusqu'ici, sur la foi publique, que ces propositions sont dans Jansénius, commencent à se défier du contraire, par le refus bizarre qu'on fait de les montrer, qui est tel, que (¹) je n'ai encore vu personne qui m'ait dit les y avoir vues. De sorte que je crains que cette censure ne fasse plus de mal que de bien, et qu'elle ne donne à ceux qui en sauront l'histoire une impression tout opposée à la conclusion. Car en vérité le monde devient méfiant et ne croit les choses que quand il les voit. Mais, comme je l'ai déjà dit, ce point-là est peu important, puisqu'il ne s'y agit point de la foi (²).

Pour la question de droit, elle semble bien plus considérable, en ce qu'elle touche la foi. Aussi j'ai pris un soin particulier de m'en informer. Mais vous serez bien satisfait de voir que c'est une chose aussi peu importante que la première (³).

Il s'agit d'examiner ce que M. Arnauld a dit dans la même lettre : « Que la grâce, sans laquelle on ne peut rien, a manqué à saint Pierre dans sa chute. » Sur quoi nous pensions, vous et moi, qu'il était question d'examiner les plus grands principes de la grâce, comme si elle n'est pas donnée à tous les hommes, ou bien si elle est efficace (⁴) ; mais nous étions bien trompés. Je suis

aurait dit que c'était là une question de fait, et que, relativement à ces questions, elle n'était pas infaillible.

1. Si personne ne les y avait vues, l'Église aurait condamné une chimère. Pourquoi les Jansénistes s'obstinaient-ils tant à reproduire ces propositions sous toutes les formes et à en faire la base de leur système ?

2. C'est une erreur, la foi est très intéressée à savoir si l'Église peut condamner un livre ou non. Car si elle ne le pouvait pas, son infaillibilité deviendrait illusoire, puisqu'elle ne pourrait jamais frapper un ouvrage quelconque.

3. Bien qu'elle touche la foi, elle n'est pas plus importante que la précédente. Comment concilier ces idées-là ?

4. Arnauld, en disant que la grâce avait manqué à saint Pierre dans sa chute, en avait conclu qu'il y a des justes qui, malgré leur bonne volonté et leurs efforts, ne peuvent accomplir les commandements de Dieu selon les forces qu'ils ont présentement, ce qui revient à la première proposition de Jansénius qui suppose qu'en certain cas nous péchons

devenu grand théologien en peu de temps, et vous en allez voir des marques.

Pour savoir la chose au vrai, je vis M. N., docteur de Navarre ([1]), qui demeure près de chez moi, qui est, comme vous le savez, des plus zélés contre les Jansénistes ; et comme ma curiosité me rendait presque aussi ardent que lui, je lui demandai s'ils ne décideraient pas formellement que « la grâce est donnée à tous », afin qu'on n'agitât plus ce doute. Mais il me rebuta rudement, et me dit que ce n'était pas là le point ; qu'il y en avait de ceux de son côté qui tenaient que la grâce n'est pas donnée à tous ([2]) ; que les examinateurs mêmes avaient dit en pleine Sorbonne que cette opinion est *problématique,* et qu'il était lui-même dans ce sentiment ; ce qu'il me confirma par ce passage, qu'il dit être célèbre, de saint Augustin : « Nous savons que la grâce ([3]) n'est pas donnée à tous les hommes. »

Je lui fis excuse d'avoir mal pris son sentiment, et le priai de me dire s'ils ne condamneraient donc pas au moins cette autre opinion des Jansénistes qui fait tant de bruit, « que la grâce est efficace, et qu'elle détermine notre volonté à faire le bien ». Mais je ne fus pas plus heureux en cette seconde question. Vous n'y entendez rien, me dit-il ; ce n'est pas là une hérésie ; c'est une opinion orthodoxe : tous les Thomistes ([4]) la tiennent ;

nécessairement. C'était donc dire que nous avons besoin de la grâce efficace pour remplir nos devoirs, et nier la liberté de l'homme en faisant dépendre ses actes de la double délectation qui le domine, suivant Jansénius et ses disciples. C'était donc une question de la plus grande importance, puisque la liberté individuelle, personnelle, est le fondement de toute la morale.

1. Ceci est une fiction. Ce personnage entre en scène pour rendre l'action dramatique.

2. Parmi les docteurs catholiques il n'y en pas un seul qui n'ait admis que la grâce est donnée à tout le monde. Seulement quand il s'agissait de déterminer quelle était la nature de cette grâce, les Luthériens, les Calvinistes, les Baïanistes et les Jansénistes prétendaient que cette grâce était nécessitante et niaient ainsi le libre arbitre, tandis que les catholiques de toutes les écoles enseignaient que l'homme reste toujours maître de ses déterminations et par conséquent responsable de ses actes.

3. La grâce efficace, mais non la grâce suffisante. Les hommes ont toujours ce qu'il faut pour accomplir les commandements de Dieu ; autrement Dieu commanderait des choses impossibles, ce qui répugne.

4. Les Thomistes sont les disciples de saint Thomas. Les Domini-

et moi-même je l'ai soutenue dans ma Sorbonique (¹).

Je n'osai plus lui proposer mes doutes ; et même je ne savais plus où était la difficulté, quand, pour m'en éclaircir, je le suppliai de me dire en quoi consistait donc l'hérésie de la proposition de M. Arnauld. C'est, me dit-il, en ce qu'il ne reconnaît pas que les justes aient le pouvoir d'accomplir les commandements de Dieu en la manière que nous l'entendons (²).

Je le quittai après cette instruction ; et, bien glorieux de savoir le nœud de l'affaire, je fus trouver M. N., qui se porte de mieux en mieux, et qui eut assez de santé pour me conduire chez son beau-frère qui est Janséniste s'il y en eut jamais, et pourtant fort bon homme (³). Pour en être mieux reçu, je feignis d'être fort des siens, et lui dis : Serait-il bien possible que la Sorbonne introduisît dans l'Eglise cette erreur, « que tous les justes ont toujours le pouvoir d'accomplir les commandements » ? Comment parlez-vous ? me dit mon docteur, Appelez-vous erreur un sentiment si catholique, et que les seuls Luthériens et Calvinistes combattent? Eh quoi! lui dis-je, n'est-ce pas votre opinion? Non, me dit-il; nous l'anathématisons comme hérétique et impie (⁴).

cains étaient Thomistes, suivant la doctrine de l'Ange de l'école, la gloire de leur ordre. Les Jésuites étaient généralement Molinistes, ou disciples de Molina. Mais Thomistes et Molinistes étaient d'accord sur ce point.

1. Sorbonique, thèse de théologie soutenue pour le doctorat en Sorbonne.

2. Non en la manière que pouvait l'entendre telle ou telle école, mais de la manière que l'entend l'Eglise catholique, qui a toujours enseigné que l'homme est libre dans ses actes et que, s'il transgresse les commandements de Dieu, c'est parce qu'il abuse de sa liberté, attendu qu'autrement il ne serait pas coupable.

3. Voici un nouveau personnage que l'auteur introduit sur la scène pour les besoins de la cause, afin d'amener une situation nouvelle qui rende son exposition plus plaisante et plus comique.

4. Saint-Cyran disait que Calvin n'avait pas erré, mais qu'il avait mal exprimé ses pensées : *Bene sensit, sed male locutus est.* Tout en anathématisant les Luthériens et les Calvinistes, les Jansénistes niaient comme eux la liberté. Ils disaient donc que les justes ont le pouvoir d'accomplir les commandements, mais ils prenaient cette proposition dans un sens absolu et abstrait. Ainsi tout homme a ce pouvoir, en général parce que tout homme a l'intelligence et la volonté nécessaires ; mais quand il s'agit d'agir, il n'a pas la grâce voulue, exigée pour la circonstance, et il ne peut réellement faire ce qui lui est commandé.

Surpris de cette réponse, je connus bien que j'avais trop fait le Janséniste, comme j'avais été trop Moliniste. Mais, ne pouvant m'assurer de sa réponse, je le priai de me dire confidemment s'il tenait « que les justes eussent toujours un pouvoir véritable (¹) d'observer les préceptes ». Mon homme s'échauffa là-dessus, mais d'un zèle dévôt, et dit qu'il ne déguiserait jamais ses sentiments pour quoi que ce fût; que c'était sa créance; et que lui et tous les siens la défendraient jusqu'à la mort, comme étant la pure doctrine de saint Thomas et de saint Augustin leur maître.

Il m'en parla si sérieusement que je n'en pus douter. Et sur cette assurance je retournai chez mon premier docteur, et lui dis, bien satisfait, que j'étais sûr que la paix serait bientôt en Sorbonne : que les Jansénistes étaient d'accord du pouvoir qu'ont les justes d'accomplir les préceptes ; que j'en étais garant, et que je leur ferais signer de leur sang. Tout beau ! me dit-il; il faut être théologien pour en voir le fin. La différence qui est entre nous est si subtile (²), qu'à peine pouvons-nous la marquer nous-mêmes ; vous auriez trop de difficulté à l'entendre. Contentez-vous donc de savoir que les Jansénistes vous diront bien que les justes ont toujours le pouvoir d'accomplir les commandements : ce n'est pas de quoi nous disputons ; mais ils ne vous diront pas que ce pouvoir soit *prochain* (³). C'est là le point.

1. Voyez la subtilité janséniste. Ce pouvoir est véritable, puisque nous avons toujours véritablement l'intelligence et la volonté nécessaires à l'action, mais il n'est pas pour cela toujours réel, parce que la grâce peut nous manquer. C'est un pouvoir *éloigné*, comme on dirait dans l'école, mais non pas un pouvoir *prochain, actuel*.

2. Les distinctions des Jansénistes étaient excessivement subtiles ; mais la différence entre eux et les catholiques était énorme. Car ils niaient le libre arbitre et les catholiques au contraire l'affirmaient, au nom de la foi et au nom de la raison et de la plus saine philosophie,

3. Il faut souvent, pour pousser l'hérésie dans ses derniers retranchements et couper court à tous ses subterfuges, créer un mot qui définisse nettement le dogme. Ainsi contre les Ariens les Pères de Nicée ont employé le mot *consubstantiel* pour établir la divinité du Verbe, ὁμοούσιος, et les Ariens voulaient le mot ὁμοιούσιος, la différence n'était que d'un iota, mais cet iota était un abîme, car suivant qu'on l'acceptait ou qu'on ne l'acceptait pas, le Verbe était ou n'était pas Dieu. Les Pères d'Éphèse ont d'un mot confondu Nestorius en proclamant la sainte Vierge, mère de Dieu Θεοτόκος. Ce mot de pouvoir *prochain* n'a pas la

Ce mot me fut nouveau et inconnu (¹). Jusque-là j'avais entendu les affaires, mais ce terme me jeta dans l'obscurité, et je crois qu'il n'a été inventé que pour brouiller. Je lui en demandai donc l'explication ; mais il m'en fit un mystère, et me renvoya sans autre satisfaction, pour demander aux Jansénistes s'ils admettaient ce pouvoir *prochain*. Je chargeai ma mémoire de ce terme ; car mon intelligence n'y avait aucune part (²). Et, de peur de l'oublier, je fus promptement retrouver mon Janséniste, à qui je dis, incontinent après les premières civilités : Dites-moi, je vous prie, si vous admettez le *pouvoir prochain?* Il se mit à rire, et me dit froidement : Dites-moi vous-même en quel sens vous l'entendez ; et alors je vous dirai ce que j'en crois. Comme ma connaissance n'allait pas jusque-là, je me vis en terme de ne lui pouvoir répondre : et néanmoins, pour ne pas rendre ma visite inutile, je lui dis au hasard : je l'entends au sens des Molinistes (³). A quoi mon homme , sans s'émouvoir : Auxquels des Molinistes, me dit-il, me renvoyez-vous? Je les lui offris tous ensemble, comme ne faisant qu'un même corps et n'agissant que par un même esprit.

Mais il me dit : Vous êtes bien peu instruit. Ils sont si peu dans les mêmes sentiments, qu'ils en ont de tout contraires. Etant tous unis dans le dessein de perdre M. Arnauld (⁴), ils se sont avisés de s'accorder de ce terme

même importance ; on pourrait dire aussi bien le pouvoir *actuel*, *réel* *immédiat*, *présent*, etc. ; mais il fallait un mot pour préciser la doctrine.

1. Ce mot n'était pas si nouveau, car les théologiens s'en étaient servis contre Luther. Il n'était pas non plus si inconnu, car les mots de pouvoir *prochain*, pouvoir *éloigné* ne sont pas extraordinaires.

2. Le trait est spirituel, la situation devient comique, mais il faut avouer qu'en matière sérieuse ces plaisanteries ne sont pas à leur place. On pourrait ainsi ridiculiser toutes les sciences et se moquer de leur terminologie.

3. Sous le nom de Molinistes, Pascal a d'abord désigné tous les docteurs catholiques. C'est ce que suppose le titre de cette lettre. Les Molinistes n'étaient pas divisés entre eux. Mais parmi les docteurs catholiques il y avait deux écoles, les Thomistes et les Molinistes. C'est ce que l'auteur embrouille à dessein. Thomistes et Molinistes reconnaissaient les uns et les autres que l'homme est libre, mais quand il s'agissait de concilier la liberté de l'homme avec les attributs divins, c'est seulement sur ce point qu'ils différaient. Voy. plus haut, page 31. Pascal embrouille tout et confond tout à dessein.

4. Ainsi Pascal prétend que toute cette discussion n'est qu'une af-

de *prochain*, que les uns et les autres diraient ensemble, quoiqu'ils l'entendissent diversement (¹), afin de parler un même langage, et que par cette conformité apparente ils pussent former un corps considérable, et composer le plus grand nombre, pour l'opprimer avec assurance.

Cette réponse m'étonna. Mais, sans recevoir ces impressions (²) des méchants desseins des Molinistes, que je ne veux pas croire sur sa parole, et où je n'ai point d'intérêt, je m'attachai seulement à savoir les divers sens qu'ils donnent à ce mot mystérieux de *prochain*. Il me dit : Je vous en éclaircirais de bon cœur ; mais vous y verriez une répugnance et une contradiction si grossière, que vous auriez peine à me croire : je vous serais suspect. Vous en serez plus sûr en l'apprenant d'eux-mêmes, et je vous en donnerai les adresses. Vous n'avez qu'à voir séparément un nommé M. Le Moine (³), et le Père Nicolaï (⁴). Je ne connais ni l'un ni l'autre, lui dis-je. Voyez donc, me dit-il, si vous ne connaîtrez point quelqu'un de ceux que je vous vais nommer ; car ils suivent les sentiments de M. Le Moine. J'en connus en effet quelques-uns. Et ensuite il me dit : Voyez si vous ne connaissez point des Dominicains, qu'on appelle nouveaux Thomistes, car ils sont tous comme le Père Nicolaï. J'en connus (⁵) aussi entre ceux qu'il me nomma ;

faire de coterie. Les docteurs de Sorbonne en veulent à M. Arnauld et ils n'ont pas d'autre but que de le perdre. Ce ne sont pas les sentiments de M. Arnauld qui sont hérétiques, ce n'est que sa personne. C'est une hérésie personnelle. Ce sont des discours de théologiens et non pas de théologie. (III⁰ lettre, à la fin.) Tout cela ne ferait pas grand honneur à la Sorbonne, si on le prenait au sérieux.

1. Il n'y avait donc dans ces docteurs, dans ces hommes, pourtant si savants et si respectables, ni science ni bonne foi.

. 2. Il faudrait : sans recevoir ces impressions qu'on voulait me donner des méchants desseins des Molinistes.

3. Ce M. Le Moine était un docteur de Sorbonne qui avait adopté les sentiments des Molinistes et des Jésuites. Il ne faut pas le confondre avec un Jésuite, le P. Lemoine, qui naquit à Chaumont, en 1602. Pascal tourne ce dernier en ridicule dans sa XI⁰ lettre. Mais il n'en était pas moins un poète remarquable : il a laissé un poème épique en dix-huit chants, *Saint Louis*, où l'on trouve des morceaux très remarquables.

4. Le P. Nicolaï était un Dominicain distingué. C'est à lui que nous devons une des meilleures éditions de la Somme de saint Thomas. Sur les nouveaux Thomistes, Voy. plus haut, page 31.

5. M. Maynard remarque qu'en cinq ou six lignes, le mot *connaître* est employé cinq fois, sans autre variété que celle des temps ou des personnes.

et, résolu de profiter de cet avis et de sortir d'affaire, je le quittai, et allai d'abord chez un des disciples de M. Le Moine.

Je le suppliai de me dire ce que c'est qu'*avoir le pouvoir prochain de faire quelque chose*. Cela est aisé, me dit-il : c'est avoir tout ce qui est nécessaire pour la faire, de telle sorte qu'il ne manque rien pour agir (¹). Et ainsi, lui dis-je, avoir le *pouvoir prochain* de passer une rivière, c'est avoir un bateau, des bateliers, des rames et le reste, en sorte que rien ne manque. Fort bien, me dit-il. Et avoir le pouvoir prochain *de voir,* lui dis-je, c'est avoir bonne vue, et être en plein jour. Car qui aurait bonne vue dans l'obscurité n'aurait pas le pouvoir prochain de voir, selon vous ; puisque la lumière lui manquerait, sans quoi on ne voit point. Doctement, me dit-il. Et par conséquent, continuai-je, quand vous dites que tous les justes ont toujours le pouvoir prochain d'observer les commandements, vous entendez qu'ils ont toujours toute la grâce nécessaire pour les accomplir ; en sorte qu'il ne leur manque rien de la part de Dieu. Attendez, me dit-il ; ils ont toujours tout ce qui est nécessaire pour les observer, ou du moins pour le demander à Dieu. J'entends bien, lui dis-je ; ils ont tout ce qui est nécessaire pour prier Dieu de les assister, sans qu'il soit nécessaire qu'ils aient aucune nouvelle grâce de Dieu pour prier. Vous l'entendez, me dit-il. Mais il n'est donc pas nécessaire qu'ils aient une grâce efficace pour prier Dieu ? Non, me dit-il, suivant M. Le Moine (²).

Pour ne point perdre de temps, j'allai aux Jacobins (³)

---

1. Le pouvoir prochain de faire une chose, c'est le pouvoir réel, le pouvoir positif de la faire actuellement, en sorte que si on ne la fait pas, c'est uniquement parce qu'on ne le veut pas. Sans ce pouvoir, l'homme n'est pas libre et il ne peut être responsable.

2. Pascal joue ici sur les mots. Les Jansénistes disaient que pour prier ou pour faire une bonne action quelconque, il fallait une grâce efficace, qu'ils supposaient nécessitante, au point qu'on ne pouvait y résister. Les Molinistes disent qu'il faut une grâce qui devient efficace par suite de l'assentiment de la volonté. C'est ce qu'ils appellent la grâce suffisante ; elle est efficace ou inefficace, suivant le bon ou le mauvais usage que nous en faisons.

3. Les Dominicains portaient le nom de Jacobins, parce que les premiers frères prêcheurs que saint Dominique envoya à Paris s'établirent dans un couvent de la rue Saint-Jacques.

et demandai ceux que je savais être des nouveaux Thomistes. Je les priai de me dire ce que c'est que *pouvoir prochain*. N'est-ce pas celui, leur dis-je, auquel il ne manque rien pour agir? Non, me dirent-ils. Mais quoi! mes pères, s'il manque quelque chose à ce pouvoir, l'appelez-vous *prochain*, et direz-vous, par exemple, qu'un homme ait, la nuit et sans aucune lumière, *le pouvoir prochain de voir?* Oui-da, il l'aurait selon nous, s'il n'est pas aveugle (¹). Je le veux bien, leur dis-je; mais M. Le Moine l'entend d'une manière contraire. Il est vrai, me dirent-ils; mais nous l'entendons ainsi. J'y consens, leur dis-je; car je ne dispute jamais du nom, pourvu qu'on m'avertisse du sens qu'on lui donne. Mais je vois par là que, quand vous dites que les justes ont toujours *le pouvoir prochain* pour prier Dieu, vous entendez qu'ils ont besoin d'un autre secours pour prier, sans quoi ils ne prieront jamais. Voilà qui va bien, me répondirent mes pères en m'embrassant, voilà qui va bien : car il leur faut de plus une grâce efficace qui n'est pas donnée à tous, et qui détermine leur volonté à prier; et c'est une hérésie de nier la nécessité de cette grâce efficace (²) pour prier.

Voilà qui va bien, leur dis-je à mon tour; mais, selon vous, les Jansénistes sont catholiques, et M. Le Moine hérétique : car les Jansénistes disent que les justes ont le pouvoir de prier, mais qu'il faut pourtant une grâce efficace (³) ; et c'est ce que vous approuvez. Et M. Le Moine

1. Ici Pascal fausse complètement le sens des Thomistes. Un homme qui n'a pas de lumière et qui est dans la nuit la plus profonde n'a pas véritablement le pouvoir réel, présent et immédiat de voir. Les Thomistes ont toujours dit que nous avons le pouvoir réel, présent et immédiat d'observer les commandements de Dieu ou de ne pas les observer, tout en proclamant la nécessité de la grâce. Seulement pour la conciliation de la grâce et de la liberté, ils n'ont pas, comme nous l'avons dit, le même système que les Molinistes. Voyez plus haut notre avertissement sur cette lettre, page 31.

2. L'hérésie ne consiste pas à nier la nécessité de cette grâce, mais à prétendre que cette grâce est nécessitante, qu'elle enlève à l'homme son libre arbitre et qu'elle le met sous l'influence d'une puissance fatale, irrésistible qui le force à agir, sans qu'il puisse se soustraire à cette fatalité, ni lutter contre elle. Mais Pascal embrouille la question pour faire croire qu'on ne s'entend pas et qu'on se dispute sur des mots vides de sens.

3. Les Jansénistes disaient que cette grâce efficace était nécessitante

dit que les justes prient sans grâce efficace (¹), et c'est ce que vous condamnez. Oui, dirent-ils, mais M. Le Moine appelle ce pouvoir *pouvoir prochain* (²).

Quoi ! mes Pères, leur dis-je, c'est se jouer des paroles, de dire que vous êtes d'accord à cause des termes communs dont vous usez, quand vous êtes contraires dans le sens. Mes pères ne répondirent rien ; et sur cela mon disciple de M. Le Moine arriva, par un bonheur que je croyais extraordinaire ; mais j'ai su depuis que leur rencontre n'est pas rare, et qu'ils sont continuellement mêlés les uns avec les autres.

Je dis donc à mon disciple de M. Le Moine : Je connais un homme qui dit que tous les justes ont toujours le pouvoir de prier Dieu, mais que néanmoins ils ne prieront jamais sans une grâce efficace qui les détermine, et laquelle Dieu ne donne pas toujours à tous les justes. Est-il hérétique ? Attendez, me dit mon docteur, vous me pourriez surprendre. Allons doucement, *distinguo* ; s'il appelle ce pouvoir *pouvoir prochain* (³), il sera Thomiste, et partant catholique ; sinon, il sera Janséniste, et partant hérétique. Il ne l'appelle, lui dis-je, ni prochain, ni non prochain (⁴). Il est donc hérétique, me dit-il : demandez-le à ces bons pères. Je ne les pris pas pour juges, car ils consentaient déjà d'un mouvement de tête ; mais je leur dis : Il refuse d'admettre ce mot

et enlevait à l'homme sa liberté. Les Thomistes n'approuvaient pas plus cette erreur que les Molinistes.

1. Pour compléter la pensée, dites : « M. Le Moine et les Molinistes disent que les justes prient sans grâce efficace nécessitante. » Les Thomistes ne condamnaient pas ce sentiment puisqu'ils proclamaient comme les Molinistes la liberté humaine.

2. « Oui, dirent-ils, mais nous sommes d'accord avec M. Le Moine, en ce que nous appelons prochain, aussi bien que lui, le pouvoir que les justes ont de prier, ce que ne font pas les Jansénistes. » Cette leçon nous semble préférable.

3. S'il appelle ce pouvoir prochain, c'est-à-dire s'il admet que ce pouvoir est réel, présent, il sera Thomiste ou Moliniste et partant catholique. Mais s'il n'admet pas que ce pouvoir soit réel, et que le juste le possède au moment même de l'action, il sera Janséniste, parce que, dans ce cas, il devient fataliste. Car dire que l'homme n'a pas le pouvoir d'agir autrement qu'il ne le fait quand il pèche, c'est nier sa liberté.

4. On pouvait croire que celui qui refusait ainsi de s'expliquer était Janséniste ; parce que s'il n'avait pas eu un motif secret pour déguiser sa pensée, il aurait accepté cette expression ou une autre équivalente qui aurait eu le même sens.

de *prochain,* parce qu'on ne le veut pas expliquer. A cela un de ces pères voulut en apporter sa définition; mais il fut interrompu par le disciple de M. Le Moine, qui lui dit : Voulez-vous donc recommencer nos brouilleries? Ne sommes-nous pas demeurés d'accord de ne point expliquer ce mot de *prochain* (¹) et de le dire de part et d'autre sans dire ce qu'il signifie? A quoi le Jacobin consentit.

Je pénétrai par là dans leur dessein, et leur dis, en me levant pour les quitter : En vérité, mes pères, j'ai grand'peur que tout ceci ne soit une pure chicanerie (²) : et, quoi qu'il arrive de vos assemblées, j'ose vous prédire que, quand la censure serait faite, la paix ne serait pas établie. Car, quand on aurait décidé qu'il faut prononcer les syllabes *prochain* (³), qui ne voit que, n'ayant point été expliquées, chacun de vous voudra jouir de la victoire? Les Jacobins diront que ce mot s'entend en leur sens, M. Le Moine dira que c'est au sien; et ainsi il y aura bien plus de disputes pour l'expliquer que pour l'introduire : car, après tout, il n'y aurait pas grand péril à le recevoir sans aucun sens (⁴), puisqu'il ne peut nuire que par le sens. Mais ce serait une chose indigne de la Sorbonne et de la théologie, d'user de mots équivoques et captieux sans les expliquer. Enfin, mes pères, dites-moi, je vous prie, pour la dernière fois, ce qu'il faut que je croie pour être catholique. Il faut, me dirent-ils tous ensemble, dire que tous les justes ont le *pouvoir prochain,* en faisant abstraction de tout sens (⁵): *abstra—*

1. Les Thomistes et les Molinistes ne s'accordaient pas sur la manière dont on peut concilier la grâce et la liberté, mais ils n'avaient pas à revenir sur cette question en présence des Jansénistes. Ils devaient affirmer la grâce et la liberté et repousser le sentiment des sectaires qui niaient la liberté pour n'admettre que la grâce.

2. Les Jansénistes, comme tous les hérétiques, tenaient à faire croire qu'on ne leur suscitait qu'une querelle de mots et ils cherchaient à déguiser ainsi le venin de leur erreur.

3. Ce mot n'avait rien d'énigmatique et ce serait faire peu d'honneur aux docteurs de la Sorbonne que de supposer qu'ils s'étaient ralliés autour d'un mot cabalistique qu'ils ne comprenaient pas.

4. Il y aurait au moins l'inconvénient d'avoir donné beaucoup de solennité à une niaiserie, si toutes ces disputes n'avaient eu pour effet que d'introduire dans la langue théologique un mot qui n'a pas de sens.

5. Pas de tout sens. Ici Pascal défigure à dessein la pensée. Pour être catholique, il suffit de dire que les justes ont le pouvoir prochain, ou, si l'on veut, le pouvoir réel ou actuel, d'observer les commandements

hendo a sensu Thomistarum et a sensu aliorum theo-
logorum.

C'est-à-dire, leur dis-je en les quittant, qu'il faut prononcer ce mot des lèvres, de peur d'être hérétique de nom. Car est-ce que ce mot est de l'Ecriture (¹)? Non, me dirent-ils. Est-il donc des Pères, ou des Conciles, ou des papes? Non. Est-il donc de saint Thomas? Non. Quelle nécessité y a-t-il donc de le dire, puisqu'il n'a ni autorité, ni aucun sens de lui-même? Vous êtes opiniâtre, me dirent-ils : vous le direz, ou vous serez hérétique, et M. Arnauld aussi, car nous sommes le plus grand nombre (²); et, s'il est besoin, nous ferons venir tant de Cordeliers (³), que nous l'emporterons.

Je les viens de quitter sur cette dernière raison, pour vous écrire ce récit, par où vous voyez qu'il ne s'agit d'aucun des points suivants, et qu'ils ne sont condamnés de part ni d'autre ; « 1° que la grâce n'est pas donnée à tous les hommes ; 2° que tous les justes ont le pouvoir d'accomplir les commandements de Dieu ; 3°qu'ils ont néanmoins besoin pour les accomplir, et même pour prier, d'une grâce efficace (⁴) qui détermine leur volonté ; 4° que cette grâce efficace n'est pas toujours donnée à tous les justes, et qu'elle dépend de la pure miséricorde de Dieu. » De sorte qu'il n'y a plus que le mot de *prochain* sans aucun sens qui court risque (⁵).

de Dieu *abstrahendo a sensu Thomistarum et a sensu aliorum theolo-gorum,* sans se préoccuper des opinions et des systèmes des Thomistes ou des autres théologiens sur la manière dont ce pouvoir s'exerce, ou, si l'on veut, sans chercher à concilier la liberté humaine avec la puissance divine.

1. Ce mot n'est pas dans l'Écriture, ni dans les Pères, ni dans les Conciles. On pouvait en dire autant du mot *consubstantiel* avant la décision des Pères de Nicée contre Arius. Il n'est pas non plus dans saint Thomas, mais il exprime une idée, une doctrine qui est dans l'Ecriture, les Pères, les Conciles, saint Thomas et tous les théologiens catholiques, c'est que l'homme est libre.

2. Pascal, comme tous les hérétiques, réduit la décision qui frappe sa secte à une question de pure majorité.

3. C'étaient les docteurs mendiants dont il a parlé plus haut. Les docteurs avaient tous également droit de suffrage, qu'ils fussent Cordeliers ou non. On ne pouvait faire voter que ceux qui avaient ce titre, par conséquent le nombre des votants n'était pas arbitraire.

4. Mais non pas d'une grâce nécessitante comme l'entendaient les Jansénistes.

5. Ainsi Pascal arrive à dire que toutes les discussions qui passionnaient

Heureux les peuples qui l'ignorent! heureux ceux qui ont précédé sa naissance! car je n'y vois plus de remède, si messieurs de l'Académie ne bannissent, par un coup d'autorité, ce mot barbare de la Sorbonne (¹), qui cause tant de divisions. Sans cela la censure paraît assurée : mais je vois qu'elle ne fera point d'autre mal que de rendre la Sorbonne moins considérable (²) par ce procédé, qui lui ôtera l'autorité laquelle lui est si nécessaire en d'autres rencontres.

Je vous laisse cependant dans la liberté de tenir pour le mot de *prochain,* ou non ; car je vous aime trop pour vous persécuter (³) sous ce prétexte. Si ce récit ne vous déplaît pas, je continuerai de vous avertir de tout ce qui se passera (⁴). Je suis, etc.

si vivement les esprits n'avaient pour objet qu'un mot qui n'avait aucun sens. Pourquoi les Jansénistes s'obstinaient-ils si fortement à rejeter ce mot ?

1. Construction vicieuse. Il faudrait : ne bannissent de la Sorbonne par un coup d'autorité ce mot barbare qui cause tant de divisions.

2. Moins considérable ; il y a des éditions où on lit : méprisable.

3 Dans la première édition il y avait : Je vous aime trop pour persécuter *mon prochain;* par allusion au pouvoir *prochain.* Dans les éditions suivantes, Pascal a fait disparaître avec raison ce mauvais jeu de mots.

4. Pascal avait gardé l'anonyme. Au bas de la me lettre, il avait mis les lettres E. A. A. B. P. A. F. D. E. P. En transposant les trois premières lettres à la fin de la ligne, cela signifiait pour les initiés : *Blaise Pascal auvergnal, fils d'Étienne Pascal et Antoine Arnauld.* On cherchait avidement à connaître l'auteur de ces lettres qui faisaient si grand bruit. Les uns les attribuaient à Gomberville, un académicien qui s'était rendu célèbre par ses romans, mais qui était incapable d'un pareil méfait; les autres à M. Leroy, abbé de Haute-Fontaine. Pascal resta longtemps inconnu sous le pseudonyme de Montalte (*Mons altus*) qu'il avait pris par allusion aux montagnes de l'Auvergne. Lorsqu'il commença les *Provinciales,* dit Sainte-Beuve, il logeait près du Luxembourg dans une maison qui faisait face à la porte Saint-Michel et qui avait une sortie derrière dans le jardin. C'était le poète Patrix, officier du duc d'Orléans, qui la lui avait prêtée : mais, pour plus de sûreté, il la quitta et s'alla cacher, sous le nom de Monsieur de Mons, dans une petite auberge de la rue des Poirées, à l'enseigne du roi David, derrière la Sorbonne et tout vis-à-vis le collège des Jésuites : comme un général habile, il coupait le corps de l'ennemi. Monsieur Périer, son beau-frère, étant arrivé à Paris sur ces entrefaites, se logea dans la même auberge. Un Jésuite, le père de Frétat, un peu son cousin, l'y vint voir et lui dit qu'en bon parent, il devait l'avertir qu'on mettait dans la société les *Provinciales* sur le compte de M. Pascal, son beau-frère. M. Périer, répondit comme il put. Il y avait au même moment sur son lit, derrière le rideau entr'ouvert, une vingtaine d'exemplaires de la viie lettre qui

etaient à sécher. Dès que le Jésuite fut dehors, M. Périer, délivré d'angoisses, courut conter l'histoire à Pascal qui demeurait dans la chambre au-dessus. Pascal fait allusion à ce fait dans la VIIIe lettre. Mme Périer nous a appris que Pascal avait un domestique très fidèle nommé Picard. Il était dans le secret; il portait les manuscrits à Fortin, principal du collège d'Harcourt, et c'était ce dernier qui se chargeait du soin de l'impression. On croit que les lettres furent imprimées dans le collège même.

AVERTISSEMENT

QUATRIÈME PROVINCIALE

Cette lettre a pour objet, comme le titre l'indique, la grâce actuelle et les péchés d'ignorance.

C'est le début de l'attaque directe de Pascal contre les Jésuites. Elle est dogmatique dans sa première partie, comme les trois lettres précédentes, et elle est morale dans la seconde, comme les lettres qui vont suivre.

C'est une transition.

Pour la comprendre, il est nécessaire que l'on ait préalablement quelques notions théologiques sur les deux questions qui font l'objet du débat : la grâce actuelle et les péchés d'ignorance.

La grâce est un don surnaturel absolument gratuit que Dieu accorde à l'homme pour l'aider à atteindre la vie éternelle qu'il lui destine.

Les théologiens catholiques distinguent la grâce suffisante de la grâce efficace.

La grâce est efficace quand l'homme consent par un bon usage de son libre arbitre aux bonnes inspirations qu'elle lui communique. Si nous résistons à son action par l'abus de notre liberté, elle ne produit pas ses effets, et elle reste ce qu'elle était avant l'action, simplement suffisante.

Les Jansénistes n'admettent pas la grâce suffisante. La grâce n'étant à leurs yeux que l'action de la volonté toute-puissante de Dieu, on ne peut jamais lui résister. Elle est donc toujours efficace. Il n'y a pas de libre arbitre. L'homme est une machine qui obéit fatalement à la charité ou à la concupiscence, à l'amour de Dieu ou à l'amour de la créature, et qui fait bien ou mal, suivant que l'un ou l'autre de ces deux attraits est victorieux.

Pascal a tourné en ridicule dans sa deuxième lettre cette distinction de la grâce suffisante et de la grâce efficace et il a raillé les docteurs de Sorbonne comme dans sa première lettre au sujet du pouvoir prochain.

Au point de vue des facultés sur lesquelles elle agit, les théologiens catholiques distinguent encore la grâce actuelle en grâce de l'intelligence et en grâce de la volonté.

Dans nos actes libres il nous faut le concours de ces deux facultés. Nous avons besoin de notre intelligence pour connaître la nature de l'action que nous allons faire, pour en peser la bonté ou la malice, et il est nécessaire que la volonté intervienne pour donner son assentiment à l'action que l'intelligence lui propose.

Cette double opération, essentielle à tout acte libre, exige un double mouvement de la grâce : elle vient en aide à l'intelligence par sa lumière, et elle fortifie la volonté en lui donnant le secours dont elle a besoin pour triompher du mal et faire le bien.

Rien n'est plus légitime que cette distinction de la grâce actuelle, quand on admet la liberté humaine.

Mais les Jansénistes, qui sont fatalistes, n'en veulent pas. Pour eux tout se réduit à l'amour, à l'amour de Dieu ou à l'amour de la créature. La volonté seule agit dans nos actes. Ils la comparent aux plateaux d'une balance qui cède au poids le plus fort, mais qui ne connaît pas d'autre impulsion.

Ainsi pour eux l'intelligence n'est pour rien dans nos actions, son concours n'est nullement nécessaire pour qu'une action nous soit imputable. C'est pour cela qu'ils prétendent que l'ignorance du droit, même invincible, ne nous exempte pas du péché.

Dans ce système monstrueux il n'est pas nécessaire que l'homme pour être coupable soit exempt de contrainte et de coaction. Quoiqu'il ne puisse pas résister à la force qui le domine en bien ou en mal, à la charité ou à la concupiscence, l'acte qu'il fait est néanmoins bon ou mauvais par là même qu'il est volontaire, c'est-à-dire par là même que la volonté y consent, quoique ce consentement soit forcé.

Ainsi il n'y a dans le monde que deux catégories d'individus, ceux qui obéissent à la charité, et ceux qui obéissent à la concupiscence.

Ceux qui obéissent à la charité sont les seuls qui fassent le bien. Ils sont en bien petit nombre.

Avant Jésus-Christ, parmi les infidèles il n'y en avait pas un seul et tous les actes faits par les païens, même leurs meilleures actions, étaient des péchés devant Dieu et étaient dignes de la damnation éternelle.

Maintenant il n'y a que le petit nombre des élus qui puisse faire le bien : tous les autres font nécessairement le mal et ne peuvent être sauvés.

La doctrine catholique est toute contraire. Nous admettons que l'homme est libre et pour pécher il faut qu'il ait sous le rapport de l'intelligence et de la volonté tout ce qui est nécessaire pour qu'il puisse résister au mal. Il doit être éclairé avant tout sur la moralité de l'action qu'il va faire. S'il ne l'est pas, dans le cas où son ignorance est invincible, c'est-à-dire quand il n'y a rien de sa faute, les péchés qu'il commet ne lui sont pas imputables.

Si l'ignorance est vincible, c'est-à-dire, s'il ignore, par sa faute, ce qu'il devrait savoir, son péché peut être moindre suivant que son ignorance est plus ou moins coupable.

Les Jansénistes prétendaient au contraire que tous les péchés d'ignorance nous sont imputables.

Dans ce débat la vérité n'est donc pas du côté de Pascal. Il se donne pour le défenseur de la morale et il soutient un système qui la détruit jusque dans ses fondements.

Car en admettant que le père Bauny ou quelque autre théologien des Jésuites ait émis quelques propositions inexactes, plus ou moins relâchées, le danger n'était pas grand. Il suffisait de signaler ces propositions et de les censurer, et c'est ce qu'ont toujours fait la Société elle-même, le clergé de France dans ses assemblées et le Saint-Siège.

Du moins le fond de la doctrine n'était pas mauvais, puisque les principes sauvegardaient toujours la liberté humaine, qui est la base de toute morale. Mais les Jansénistes avec leur fatalisme enlevaient à l'homme toute responsabilité et substituaient à la morale véritable un ascétisme de fantaisie inspiré par une espèce de fanatisme qui n'offrait aucune garantie et qui pouvait, comme l'illuminisme, dégénérer en excés monstrueux, sans qu'on pût lui reprocher d'être en contradiction avec ses principes.

Aussi tout ce que Pascal reproche dans cette lettre aux Jésuites est à notre avis à l'abri de toute attaque. Leur doctrine sur la grâce actuelle et sur les péchés d'ignorance est la doctrine qui existait avant eux et qui existe encore aujourd'hui dans toutes les écoles de théologie.

C'est la doctrine de la liberté humaine, la seule que puisse reconnaître une saine philosophie, tandis que le système des Jansénistes, c'est le fatalisme. Cet enseignement monstrueux est universellement répudié. La philosophie spiritualiste le repousse et il ne se trouve, comme religion, que chez les musulmans et dans les religions panthéistes.

LES

PROVINCIALES

QUATRIÈME LETTRE ÉCRITE

A UN PROVINCIAL

PAR UN DE SES AMIS

De la grâce actuelle, toujours présente ; et des péchés
d'ignorance.

De Paris, ce 25 février 1656.

MONSIEUR,

Il n'est rien tel que les Jésuites (1). J'ai bien vu des
Jacobins (2), des docteurs, et de toutes sortes de gens ;
mais une pareille visite manquait à mon instruction.
Les autres ne font que les copier (3). Les choses valent
toujours mieux dans leur source. J'en ai donc vu un des

---

1. Dans les trois premières lettres, Pascal avait traité de questions
purement dogmatiques et attaqué tous les docteurs de Sorbonne, qui
avaient censuré, dans la personne d'Arnauld, les erreurs de Jansénius.
Maintenant il va attaquer exclusivement les Jésuites et c'est sur la
morale qu'il s'efforcera de les trouver en défaut. L'hérésie, battue sur le
dogme, s'en prend aux opinions de ses adversaires pour donner le change.

2. Dominicains, voyez plus haut, page 42, note 3.

3. C'est beaucoup dire en faveur des Jésuites, c'est même dire beaucoup trop. Car les autres théologiens, malgré toute leur modestie,
ne pourraient pas souscrire au compliment et se reconnaître pour de
simples plagiaires à l'égard des Pères de la Société

plus habiles (¹), et j'y (²) étais accompagné de mon fidèle Janséniste qui vint avec moi aux Jacobins. Et comme je souhaitais particulièrement d'être éclairci sur le sujet d'un différend qu'ils ont avec les Jansénistes touchant ce qu'ils appellent la *grâce actuelle*, je dis à ce bon père que je lui serais fort obligé s'il voulait m'en instruire ; que je ne savais pas seulement ce que ce terme signifiait (³) : je le priai donc de me l'expliquer. Très volontiers, me dit-il ; car j'aime les gens curieux. En voici la définition. Nous appelons « grâce actuelle une inspiration de Dieu par laquelle il nous fait connaître sa volonté, et par laquelle il nous excite à la vouloir accomplir (⁴) ». En quoi, lui dis-je, êtes-vous en dispute avec les Jansénistes sur ce sujet? C'est, me répondit-il, en ce que nous voulons que Dieu donne des grâces actuelles à tous les hommes, à chaque tentation ; parce que nous soutenons que, si l'on n'avait pas à chaque tentation la grâce actuelle (⁵) pour n'y point pécher, quelque péché que l'on commît, il ne pourrait jamais être imputé. Et les Jansénistes disent, au contraire, que les péchés commis sans grâce actuelle ne laissent pas d'être impu-

1. Si c'est un des plus habiles, on ne doit pas avoir une idée bien avantageuse des autres. Car le rôle que Pascal va lui faire jouer est celui d'un homme passablement stupide.

2. Le mot *y*, observe l'abbé Maynard, est un adverbe de lieu et ne peut se construire avec un nom de personne. Il faudrait, par exemple : J'allai chez les Jésuites et j'y étais accompagné.

3. Pascal est un faux bonhomme. Il en sait plus qu'il n'en a l'air. Ce mot est d'ailleurs dans tous les théologiens, mais il fait l'ignorant pour tendre mieux ses pièges au pauvre Jésuite, qu'il fait si sot qu'il n'a pas l'esprit de les soupçonner.

4. D'après cette définition qu'on peut accepter, la grâce actuelle a un double rôle : elle éclaire l'intelligence et elle meut la volonté. C'est ce qui fait que les théologiens distinguent la grâce de l'intelligence et la grâce de la volonté. Mais cette définition ne pouvait convenir aux Jansénistes, qui entendaient par la grâce actuelle la volonté toute-puissante de Dieu et qui n'admettaient ainsi d'aucune façon la liberté personnelle.

5. Les théologiens ne disent pas que Dieu nous donne des grâces actuelles à chaque tentation. Ils distinguent entre les tentations graves et les tentations légères. Ils enseignent que dans les tentations graves, et seulement dans ce cas, nous avons besoin du secours de la grâce, et que Dieu nous la donne toujours, parce qu'autrement nous succomberions nécessairement et nous ne serions pas responsables de notre faute, puisque nous n'aurions pas eu ce qu'il fallait pour résister.

tés ([1]) : mais ce sont des rêveurs. J'entrevoyais ce qu'il voulait dire ; mais, pour le lui faire encore expliquer plus clairement, je lui dis : Mon père, ce mot de *grâce actuelle* me brouille ; je n'y suis pas accoutumé : si vous aviez la bonté de me dire la même chose sans vous servir de ce terme, vous m'obligeriez infiniment. Oui, dit le père ; c'est-à-dire que vous voulez que je substitue la définition à la place du défini ([2]) : cela ne change jamais le sens du discours ; je le veux bien. Nous soutenons donc, comme un principe indubitable, « qu'une action ne peut être imputée à péché, si Dieu ne nous donne, avant que de la commettre, la connaissance du mal qui y est, et une inspiration qui nous excite à l'éviter ». M'entendez-vous maintenant?

Étonné d'un tel discours, selon lequel tous les péchés de surprise, et ceux qu'on fait dans un entier oubli de Dieu ([3]), ne pourraient être imputés, je me tournai vers mon Janséniste, et je connus bien, à sa façon, qu'il n'en croyait rien. Mais, comme il ne répondait mot, je dis à ce père : Je voudrais, mon père, que ce que vous dites fût bien véritable, et que vous en eussiez de bonnes preuves. En voulez-vous? me dit-il aussitôt; je m'en vais vous en fournir, et des meilleures : laissez-moi faire. Sur cela, il alla chercher ses livres ([4]). Et je dis cependant à mon ami : Y en a-t-il quelque autre qui parle comme celui-ci? Cela vous est-il si nouveau? me répon-

---

1. Les Jansénistes prétendaient que les péchés pouvaient nous être imputés quand même nous n'aurions pas eu la force suffisante pour résister à la tentation, parce que, quoique nous ne soyons pas libres, ces actes sont imputables, attendu qu'ils ont été volontaires et libres dans Adam et qu'ils ne sont qu'une suite du péché originel. Ce fatalisme est destructeur de toute morale.

2. Toute bonne définition, d'après les principes de la logique, doit être réciproque. Par conséquent la définition et l'objet défini sont comme les deux membres d'une équation ; on peut mettre l'un à la place de l'autre sans rien changer.

3. Comment comprendre cette conséquence ? De ce que les péchés ne sont imputables qu'autant qu'on a une grâce qui éclaire l'intelligence et anime la volonté, Pascal dit que les péchés qu'on fait dans l'oubli de Dieu ne peuvent être imputés. Assurément ils ne le sont pas, s'ils sont involontaires, mais autrement pourquoi n'en serait-on pas responsable ?

4. Cet homme habile n'est savant qu'avec ses livres : *Doctus in libro*; encore verrons-nous que la moindre objection l'arrête et qu'il ne sait pas faire parler ses auteurs!

dit-il. Faites état que jamais les Pères, les Papes, les Conciles, ni l'Ecriture, ni aucun livre de piété, même dans ces derniers temps, n'ont parlé de cette sorte : mais que, pour des casuistes, et des nouveaux scolastiques ([1]), il vous en apportera un beau nombre. Mais quoi! lui dis-je, je me moque de ces auteurs-là, s'ils sont contraires à la tradition. Vous avez raison, me dit-il. Et à ces mots, le bon père arriva chargé de livres; et m'offrant le premier qu'il tenait : Lisez, me dit-il, la Somme des péchés du père Bauny ([2]), que voici; et de la cinquième édition encore, pour vous montrer que c'est un bon livre. C'est dommage, me dit tout bas mon Janséniste, que ce livre-là ait été condamné à Rome, et par les évêques de France. Voyez, me dit le père, la page 906. Je lus donc, et je trouvai ces paroles : « Pour pécher et se rendre coupable devant Dieu, il faut savoir que la chose qu'on veut faire ne vaut rien, ou au moins en douter, craindre; ou bien juger que Dieu ne prend plaisir ([3]) à l'action à laquelle on s'occupe, qu'il la défend, et nonobstant la faire, franchir le saut, et passer outre. »

Voilà qui commence bien, lui dis-je. Voyez cependant, me dit-il, ce que c'est que l'envie. C'était sur cela que M. Hallier, avant qu'il fût de nos amis, se moquait du père Bauny, et lui appliquait ces paroles : *Ecce qui tollit peccata mundi* : « Voilà celui qui ôte les péchés du monde. » Il est vrai, lui dis-je, que voilà une rédemption toute nouvelle ([4]), selon le père Bauny.

1. Ainsi voilà les casuistes et les nouveaux scolastiques en opposition avec les Pères, les Papes, les Conciles, l'Ecriture. C'est toujours chez les sectaires la même tactique : L'Eglise a dévié !

2. Le père Bauny était né dans le diocèse de Reims en 1565 et il était mort le 14 décembre 1649, sept ans avant que Pascal lui fît une aussi belle réputation. Il avait professé pendant seize ans la théologie morale, et donné un *Compendium* de son enseignement dans sa *Somme des péchés*. Cet ouvrage a été mis à l'index à Rome et il renferme quelques propositions relâchées qui ont été condamnées. Mais son livre ne mérite pas d'être critiqué comme Pascal le fait, et l'auteur était d'ailleurs un homme rigide, très sévère à lui-même et qui est mort victime de son zèle.

3. Ne prend plaisir ou, plus clairement, *n'approuve pas*.

4. Cette rédemption, pour parler le langage de Pascal, n'est pas si nouvelle. Ce que dit là le P. Bauny, c'est ce que disent encore tous les théologiens, c'est ce qu'ont dit tous les Docteurs et tous les Pères de l'Eglise. C'est le langage de la raison et de la philosophie elle-même.

En voulez-vous, ajouta-t-il, une autorité plus authentique? voyez ce livre du père Annat (¹). C'est le dernier qu'il a fait contre M. Arnauld ; lisez la page 34, où il y a une oreille, et voyez les lignes que j'ai marquées avec du crayon ; elles sont toutes d'or. Je lus donc ces termes: « Celui qui n'a aucune pensée de Dieu, ni de ses péchés, ni aucune appréhension, c'est-à-dire, à ce qu'il me fit entendre, aucune connaissance de l'obligation d'exercer des actes d'amour de Dieu ou de contrition, n'a aucune grâce actuelle pour exercer ces actes : mais il est vrai aussi qu'il ne fait aucun péché en les omettant ; et que, s'il est damné, ce ne sera pas en punition de cette omission. » Et quelques lignes plus bas : « Et on peut dire la même chose d'une coupable commission (²). »

Voyez-vous, me dit le père, comme il parle des péchés d'omission, et de ceux de commission : car il n'oublie rien. Qu'en dites-vous? Oh! que cela me plaît! lui répondis-je ; que j'en vois de belles conséquences! Je perce déjà dans les suites : que de mystères s'offrent à moi! Je vois, sans comparaison, plus de gens justifiés par cette ignorance et cet oubli de Dieu (³) que par la grâce et les sacrements. Mais, mon père, ne me donnez-vous point une fausse joie? N'est-ce point ici quelque chose de semblable à cette *suffisance* qui ne suffit pas (⁴)? J'ap-

Pour faire une faute, il faut savoir que l'acte que l'on va faire est mauvais, et connaître la loi qui le défend, et consentir à le faire malgré cette défense.

1. Le P. Annat naquit à Rodez le 5 février 1590. Après avoir rempli les plus hautes charges dans la Compagnie, il avait été nommé confesseur de Louis XIV en 1654. Il était à la cour depuis deux ans, lorsque Pascal écrivit cette lettre, et il était un des adversaires les plus ardents d'Arnauld et des Jansénistes. Bayle fait l'éloge de sa modération et de sa vertu.

2. Nous ne voyons rien à reprendre dans le sentiment du P. Annat ni dans celui du P. Bauny. Car si l'ignorance du pécheur est invincible, comme ils le supposent, il est certain que les fautes d'omission ou de commission qu'il peut faire sont des fautes purement matérielles et qu'elles ne lui sont nullement imputables.

3. Quel étrange rapprochement ! Il est certain que Dieu ne demandera à personne compte des lumières qu'il n'aura pas reçues, et que l'ignorance et l'inadvertance ne sont imputables qu'autant qu'elles sont volontaires. Mais quel rapport y a-t-il entre ces fautes qui ne sont pas des fautes morales et les péchés qui sont remis par la grâce et les sacrements, après qu'ils ont été une souillure pour l'âme ?

4. Pascal, dans sa ɪɪᵉ lettre, s'est raillé de la grâce *suffisante* qui ne

préhende furieusement le *distinguo* : j'y ai déjà été attrapé. Parlez-vous sincèrement? Comment! dit le père en s'échauffant, il n'en faut pas railler; il n'y a point ici d'équivoque. Je n'en raille pas, lui dis-je; mais c'est que je crains à force de désirer.

Voyez donc, me dit-il, pour vous en mieux assurer, les écrits de M. Le Moine, qui l'a enseigné en pleine Sorbonne. Il l'a appris de nous, à la vérité; mais il l'a bien démêlé. Oh! qu'il l'a fortement établi! il enseigne que, pour faire qu'une action *soit péché,* il faut que *toutes ces choses se passent dans l'âme.* Lisez et pesez chaque mot. Je lus donc en latin ce que vous verrez ici en français. « 1. D'une part, Dieu répand dans l'âme quelque amour qui la penche vers la chose commandée ; et, de l'autre part, la concupiscence rebelle la sollicite au contraire ; 2. Dieu lui inspire la connaissance de sa faiblesse ; 3. Dieu lui inspire la connaissance du médecin qui la doit guérir ; 4. Dieu lui inspire le désir de sa guérison ; 5. Dieu lui inspire le désir de le prier et d'implorer son secours ([1]). »

Et si toutes ces choses ne se passent dans l'âme, dit le Jésuite, l'action n'est pas proprement péché, et ne peut être imputée; comme M. Le Moine le dit en ce même endroit et dans toute la suite.

En voulez-vous encore d'autres autorités? en voici. Mais toutes modernes, me dit doucement mon Janséniste. Je le vois bien, dis-je; et, en m'adressant à ce père, je lui dis : O mon père, le grand bien que voici

---

suffit pas. Mais la distinction de la grâce actuelle en grâce suffisante et en grâce efficace est admise par tous les théologiens. Ces deux grâces ne sont pas deux grâces différentes ; c'est la même grâce actuelle qui agit sur l'intelligence et sur la volonté. Seulement, disent les docteurs catholiques contre les Jansénistes, la grâce actuelle est un secours nécessaire, mais il n'est pas nécessitant. Nous avons le pouvoir d'y résister ou d'y consentir et c'est en cela que consiste l'exercice de notre liberté. Si nous répondons à la grâce, elle devient *efficace;* si nous n'y répondons pas, elle reste *suffisante.*

1. Ceci est une description de l'acte surnaturel qui s'accomplit en nous sous la double influence de la grâce et de la liberté. Cette description est comme celle que font les philosophes de l'acte libre. En décrivant ainsi ce qui se passe dans l'âme, ce théologien ne supposait pas que la personne qui agit a toujours conscience de toutes ses opérations. Il traitait la question d'une façon plus spéculative que pratique, selon le goût de l'époque.

pour des gens de ma connaissance ! il faut que je vous les amène. Peut-être n'en avez-vous guère vus qui aient moins de péchés, car ils ne pensent jamais à Dieu ; les vices ont prévenu leur raison : « Ils n'ont jamais connu ni leur infirmité, ni le médecin qui la peut guérir. Ils n'ont jamais pensé à désirer la santé de leur âme, et encore moins à prier Dieu de la leur donner ; » de sorte qu'ils sont encore dans l'innocence du baptême, selon M. Le Moine. « Ils n'ont jamais eu de pensée d'aimer Dieu, ni d'être contrits de leurs péchés ; » de sorte que, selon le père Annat, ils n'ont commis aucun péché par le défaut de charité et de pénitence : leur vie est dans une recherche continuelle de toutes sortes de plaisirs, dont jamais le moindre remords n'a interrompu le cours. Tous ces excès me faisaient croire leur perte assurée ([1]) ; mais, mon père, vous m'apprenez que ces mêmes excès rendent leur salut assuré ([2]). Béni soyez-vous, mon père, qui justifiez ainsi les gens ! Les autres apprennent à guérir les âmes par des austérités pénibles : mais vous montrez que celles qu'on aurait crues le plus désespérément malades se portent bien. O la bonne voie pour être heureux en ce monde et en l'autre ! J'avais toujours pensé qu'on péchait d'autant plus qu'on pensait moins à Dieu ; mais, à ce que je vois, quand on a pu gagner une fois sur soi de n'y plus penser du tout, toutes choses deviennent pures pour l'avenir. Point de

1. D'après la doctrine des Jansénistes, il n'y a que deux délectations : celle de la charité, dont les fruits sont toujours bons, et celle de la concupiscence, dont les effets sont toujours mauvais. Ainsi, à leurs yeux, les incrédules, les impies, les infidèles font nécessairement le mal. Toutes leurs actions, même les meilleures, sont des péchés, parce qu'elles sont toutes inspirées par la concupiscence. On conçoit qu'avec cette doctrine barbare, ils n'aient vu dans l'humanité que des hommes pervers et qu'ils aient rétréci les voies du salut au point de regarder la perte de presque tout le monde comme assurée.

2. Ce n'est pas assurément la conséquence que tiraient le P. Bauny et le P. Annat, et ce n'est pas non plus celle qu'on peut tirer de leur doctrine. Si l'ignorance excuse ou diminue le péché, c'est à condition qu'elle soit involontaire. L'ignorance de ces hommes qui ne pensent jamais à Dieu est vincible : dès lors ils sont responsables de leurs péchés dans la proportion même de la liberté avec laquelle ils les commettent. Cette ignorance peut même être affectée, comme il arrive lorsque l'homme repousse systématiquement la lumière. Dans ce cas, leurs fautes n'en sont que plus graves.

ces pécheurs à demi qui ont quelque amour pour la vertu ; ils seront tous damnés ces demi-pécheurs (¹). Mais pour ces francs pécheurs, pécheurs endurcis, pécheurs sans mélange, pleins et achevés, l'enfer ne les tient pas : ils ont trompé le diable à force de s'y abandonner.

Le bon père, qui voyait assez clairement la liaison de ces conséquences avec son principe, s'en échappa adroitement (²) ; et, sans se fâcher, ou par douceur, ou par prudence, il me dit seulement : Afin que vous entendiez comment nous sauvons ces inconvénients, sachez que nous disons bien que ces impies dont vous parlez seraient sans péché, s'ils n'avaient jamais eu de pensées de se convertir, ni de désirs de se donner à Dieu. Mais nous soutenons qu'ils en ont tous (³), et que Dieu n'a jamais laissé pécher un homme sans lui donner auparavant la vue du mal qu'il va faire et le désir ou d'éviter le péché, ou au moins d'implorer son assistance pour le pouvoir éviter : et il n'y a que les Jansénistes qui disent le contraire (⁴).

Eh quoi ! mon père, lui répartis-je, est-ce là l'hérésie des Jansénistes, de nier qu'à chaque fois qu'on fait un péché, il vient un remords troubler la cons-

---

1. Pourquoi parler de ces demi-pécheurs ? C'est dans le système janséniste que l'on est damné ou sauvé, puisqu'il n'y a pas de milieu entre les deux délectations, entre la charité et la concupiscence. D'après la doctrine catholique, il y a au contraire une foule innombrable de degrés dans la faute. Car la culpabilité dépendant du degré d'intelligence, de l'idée plus ou moins claire que l'on a eue de la gravité de l'action et du consentement plus ou moins complet qu'y a donné la volonté, il s'en suit que la même action a une malice ou une bonté plus ou moins grande dans les individus, suivant une multitude de circonstances qu'il n'est pas toujours facile d'apprécier.

2. Il aurait mieux fait de montrer, comme nous venons de l'établir, que ces conséquences ne découlent nullement de ces principes. Mais cela n'aurait pas fait le jeu de Pascal.

3. Pascal fait embrouiller maladroitement et à dessein la question par son adversaire. Les théologiens ne disent pas que les impies ont eu la pensée de se convertir ou le désir de se donner à Dieu. Cela peut être arrivé à quelques-uns. Mais il n'y a pas de motif pour généraliser. Seulement ils soutiennent avec raison qu'un homme ne peut pécher qu'autant qu'il a la connaissance du mal qu'il fait ou qu'il a pu l'avoir.

4. Les Jansénistes en effet disent le contraire, en supposant qu'on peut mériter ou démériter en faisant des actes qui ne sont pas libres, et en obéissant fatalement à la grâce ou à la concupiscence, qui sont l'une et l'autre nécessitantes et irrésistibles.

cience (¹), malgré lequel on ne laisse pas de *franchir le saut* et de *passer outre*, comme dit le père Bauny? C'est une assez plaisante chose d'être hérétique pour cela! Je croyais bien qu'on fût damné pour n'avoir pas de bonnes pensées; mais qu'on le soit pour ne pas croire que tout le monde en a, vraiment je ne le pensais pas. Mais, mon père, je me tiens obligé en conscience de vous désabuser, et de vous dire qu'il y a mille gens qui n'ont point ces désirs, qui pèchent sans regret, qui pèchent avec joie, qui en font vanité (²). Et qui peut en savoir plus de nouvelles que vous? Il n'est pas que vous ne confessiez quelqu'un de ceux dont je parle; car c'est parmi les personnes de grande qualité (³) qu'il s'en rencontre d'ordinaire. Mais prenez garde, mon père, aux dangereuses suites de votre maxime. Ne remarquez-vous pas quel effet elle peut faire dans ces libertins qui ne cherchent qu'à douter de la religion? Quel prétexte leur en offrez-vous quand vous leur dites, comme une vérité de foi (⁴), qu'ils sentent, à chaque péché qu'ils commettent, un avertissement et un désir intérieurs de s'en abstenir! car n'est-il pas visible qu'étant convaincus, par leur propre expérience, de la fausseté de votre doctrine en ce point, que vous dites être de foi, ils en étendront la conséquence à tous les autres? Ils diront que si vous n'êtes pas véritables en un article, vous êtes suspects en tous : et ainsi vous les obligerez à conclure, ou que la religion est fausse, ou du moins que vous en êtes mal instruits.

Mais mon second, soutenant mon discours, lui dit : Vous feriez bien, mon père, pour conserver votre doctrine, de n'expliquer pas aussi nettement que vous nous

---

1. Aucun théologien n'affirme cela. Ils enseignent tous que le sens moral peut être en quelque sorte anéanti par l'habitude du vice et que le pécheur endurci avale l'iniquité comme l'eau, c'est-à-dire qu'il fait le mal sans en avoir le moindre remords.

2. Qui en doute, et qui cherche à les excuser?

3. Pourquoi cette préférence? Le mal ne se rencontre-t-il pas dans toutes les conditions et pourquoi serait-il plus grand au sommet de la société qu'en bas?

4. Qui enseigne une pareille chose comme une vérité de foi? Les théologiens disent seulement qu'il est de foi que l'homme est libre, et ils enseignent par suite qu'on ne peut lui imputer que les fautes qu'il commet librement.

avez fait ce que vous entendez par grâce *actuelle*. Car comment pourriez-vous déclarer ouvertement, sans perdre toute créance dans les esprits, « que personne ne pèche qu'il n'ait auparavant la connaissance de son infirmité, celle du médecin, le désir de la guérison et celui de la demander à Dieu ([1]) »? Croira-t-on, sur votre parole, que ceux qui sont plongés dans l'avarice, dans l'impudicité, dans les blasphèmes, dans le duel, dans la vengeance, dans les vols, dans les sacrilèges, aient véritablement le désir ([2]) d'embrasser la chasteté, l'humilité et les autres vertus chrétiennes?

Pensera-t-on que les philosophes qui vantaient si hautement la puissance de la nature en connussent l'infirmité et le médecin? Direz-vous que ceux qui soutenaient, comme une maxime assurée, « que ce n'est pas Dieu qui donne la vertu, et qu'il ne s'est jamais trouvé personne qui la lui ait demandée, » pensassent à la lui demander eux-mêmes ([3])?

Qui pourra croire que les Epicuriens, qui niaient la Providence divine, eussent des mouvements de prier, eux qui disaient « que c'était lui faire injure de l'implorer dans nos besoins, comme s'il eût été capable de s'amuser à penser à nous »?

Et enfin, comment s'imaginer que les idolâtres et les athées aient dans toutes les tentations qui les portent au péché, c'est-à-dire une infinité de fois dans leur vie, le désir de prier le vrai Dieu qu'ils ignorent, de leur donner les vraies vertus qu'ils ne connaissent pas ([4])?

Oui, dit le bon père d'un ton résolu, nous le dirons; et plutôt que de dire qu'on pèche sans avoir la vue que

---

1. Cette description, comme nous l'avons fait observer, n'est nullement une définition et son auteur n'a pas voulu la généraliser comme Pascal le fait.

2. Qui pourrait soutenir de pareilles sottises? Les théologiens enseignent que l'habitude du vice, arrivée à un certain degré, étouffe le sentiment moral et empêche le remords, loin de faire naître dans l'âme le désir des vertus opposées aux vices qui la subjuguent.

3. Les philosophes païens ne pouvaient pas assurément demander à Dieu la grâce, puisqu'ils n'en connaissaient pas l'existence.

4. D'après les Jansénistes, les vertus des païens n'étaient que des vertus apparentes, ils n'avaient pas une seule vertu véritable. Toutes leurs actions étaient nécessairement mauvaises et leurs vertus prétendues étaient gâtées universellement par l'orgueil ou par d'autres vices.

l'on fait mal, et le désir de la vertu contraire, nous soutiendrons que tout le monde, et les impies et les infidèles, ont ces inspirations et ces désirs à chaque tentation (¹). Car vous ne sauriez me montrer, au moins par l'Ecriture, que cela ne soit pas.

Je pris la parole à ce discours pour lui dire : Eh quoi ! mon père, faut-il recourir à l'Ecriture pour montrer une chose si claire? Ce n'est pas ici un point de foi, ni même de raisonnement; c'est une chose de fait : nous le voyons, nous le savons, nous le sentons.

Mais mon Janséniste, se tenant dans les termes que le père avait prescrits, lui dit ainsi : Si vous voulez, mon père, ne vous rendre qu'à l'Ecriture (²), j'y consens ; mais au moins ne lui résistez pas : et puisqu'il est écrit « que Dieu n'a pas révélé ses jugements aux Gentils, et qu'il les a laissés errer dans leurs voies, » ne dites pas que Dieu a éclairé (³) ceux que les livres sacrés nous assurent avoir été « abandonnés dans les ténèbres et dans l'ombre de la mort » (⁴).

Ne vous suffit-il pas, pour entendre l'erreur de votre principe, de voir que saint Paul se dit *le premier des pécheurs,* pour un péché qu'il déclare avoir commis *par ignorance* (⁵) *et avec zèle?*

Ne suffit-il pas de voir par l'Evangile que ceux qui

---

1. Pascal suppose que le bon père est amené là par ses principes ; mais ces exagérations folles sont tout simplement des sottises qu'il lui prête et qu'on ne trouve dans aucun théologien.

2. Pascal passe très habilement de la première partie de sa lettre à la seconde, de la grâce actuelle aux péchés d'ignorance. Il excelle dans l'art des transitions.

3. On ne peut pas dire non plus qu'avant Jésus-Christ les Gentils aient été absolument sans lumière, comme le voulaient les Jansénistes. Saint Paul nous dit : *Quod autem est Dei, manifestum est in illis. Deus enim illis manifestavit. Invisibilia enim ipsius a creatura mundi, per ea quæ facta sunt intellecta, conspiciuntur; sempiterna quoque ejus virtus et divinitas; ità ut sint inexcusabiles.* Voilà pour le dogme; voici pour la morale: *Gentes quæ legem non habent, naturaliter ea, quæ legis sunt, faciunt, ipsi sibi sunt lex; qui ostendunt opus legis scriptum in cordibus suis, testimonium reddente illis conscientia ipsorum et inter se invicem accusantibus aut etiam defendentibus.* Cf. Rom. I, 19-20, et II, 14-15.

4. Luc I, 79.

5. Saint Paul s'accuse d'avoir persécuté l'Église, parce que, s'il l'a fait par ignorance, cette ignorance n'était pas invincible ; ce qui rendait son zèle coupable.

crucifiaient Jésus-Christ avaient besoin du pardon qu'il demandait pour eux, quoiqu'ils ne connussent point la malice de leur action (¹), et qu'ils ne l'eussent jamais faite, selon saint Paul, s'ils en eussent eu la connaissance?

Ne suffit-il pas que Jésus-Christ nous avertisse qu'il y aura des persécuteurs de l'Eglise qui croiront rendre service à Dieu en s'efforçant de la ruiner (²), pour nous faire entendre que ce péché, qui est le plus grand de tous selon l'apôtre, peut être commis par ceux qui sont si éloignés de savoir qu'ils pèchent, qu'ils croiraient pécher en ne le faisant pas? Et enfin ne suffit-il pas que Jésus-Christ lui-même nous ait appris qu'il y a deux sortes de pécheurs, dont les uns pèchent avec connaissance, et les autres sans connaissance (³); et qu'ils seront châtiés, quoiqu'à la vérité différemment?

Le bon père, pressé par tant de témoignages de l'Ecriture, à laquelle il avait eu recours, commença à lâcher le pied; et, laissant pécher les impies sans inspiration, il nous dit : Au moins vous ne nierez pas que les justes ne pèchent jamais sans que Dieu leur donne... Vous reculez, lui dis-je en l'interrompant, vous reculez,

---

1. Sans doute s'ils avaient su que le Christ était le fils de Dieu, le Messie annoncé par les prophètes, ils ne l'auraient pas crucifié, comme le dit saint Paul (I Cor. 1, 8). Mais s'ils ne le savaient pas, c'était leur faute. Ils avaient été témoins des miracles que Jésus-Christ avait faits, et ces miracles auraient dû les convaincre. *Si opus non fecissem in eis, quæ nemo alius fecit, peccatum non haberent; nunc autem excusationem non habent de peccato suo.* (Jean. XV, 22, 24.)

2. Ce qui les condamne, c'est que leur ignorance n'est pas invincible.

3. Allusion à ce passage de saint Luc : *Servus qui cognovit voluntatem Domini sui et non fecit secundum voluntatem ejus, vapulabit multis; qui autem non cognovit et fecit digna plagis, vapulabit paucis* (Luc. XII, 48). J.-C., dit Maldonat, parle en cet endroit de la volonté particulière qu'il a de faire paraître tous les hommes au jugement dernier, et de leur faire rendre un compte rigoureux de toutes leurs actions. Celui qui étant instruit de cette volonté particulière du Seigneur ne laisse pas de pécher avec la même facilité sera puni très sévèrement. Celui, au contraire, qui n'aura point entendu parler du jugement dernier, ni des peines, ni des récompenses de l'autre vie ne laissera pas d'être puni; parce qu'en péchant il agit contre sa raison et contre sa conscience, et par conséquent contre Dieu lui-même; mais il sera puni plus légèrement, parce que son péché n'est pas accompagné d'un mépris formel de cette volonté particulière de Dieu. Voy. ma *Bible*, t. VII, pag. 73 Ceci confirme la thèse du bon père au lieu de l'ébranler.

mon père (¹) : vous abandonnez le principe général ; et,
voyant qu'il ne vaut plus rien à l'égard des pécheurs,
vous voudriez entrerpocionts me orn, et le faire au
moins subsister pour les justes (²). Mais cela étant, j'en
vois l'usage bien raccourci ; car il ne servira plus à
guère de gens ; et ce n'est quasi pas la peine de vous le
disputer.

Mais mon second, qui avait, à ce que je crois, étudié
toute cette question le matin même, tant il était prêt
sur tout, lui répondit : Voilà, mon père, le dernier re-
tranchement où se retirent ceux de votre parti qui ont
voulu entrer en dispute. Mais vous y êtes aussi peu en
assurance. L'exemple des justes ne vous est pas plus
favorable. Qui doute qu'ils ne tombent souvent dans des
péchés de surprise sans qu'ils s'en aperçoivent? N'ap-
prenons-nous pas des saints mêmes combien la concupiscence leur tend de piéges secrets, et combien il arrive
ordinairement que, quelque sobres qu'ils soient, ils
donnent à la volupté ce qu'ils pensent donner à la seule
nécessité (³), comme saint Augustin le dit de soi-même
dans ses *Confessions?*

Combien est-il ordinaire de voir les plus zélés s'em-
porter dans la dispute à des mouvements d'aigreur pour
leur propre intérêt, sans que leur conscience leur rende
sur l'heure d'autre témoignage, sinon qu'ils agissent
de la sorte pour le seul intérêt de la vérité, et sans
qu'ils s'en aperçoivent quelquefois que longtemps
après (⁴)!

Mais que dira-t-on de ceux qui se portent avec ar-

---

1. Pascal fait faire au père un mouvement qui n'est pas commandé
par la situation. Car les prétendues objections tirées de l'Écriture
n'ont nullement atténué son principe général et ne l'ont pas forcé de
l'abandonner.

2. Pascal fait de son Jésuite un niais qui ne connaît pas la doctrine
qu'il expose, il le fait reculer à plaisir et il s'attribue ensuite la victoire.
Mais tout cela n'est qu'un jeu, et le principe janséniste qui prétend
que l'ignorance, même invincible, est inexcusable, n'en est pas moins un
principe barbare qui impute à l'homme des fautes qu'il ne peut éviter.

3. Qu'est-ce que tout cela prouve? Comment ces faits se rapportent-ils
à la question?

4. Si l'on ne s'est pas aperçu que l'on agissait par amour-propre, ces
sentiments qui ne viennent que longtemps après ne peuvent être que
des scrupules dont on ne doit pas trop se préoccuper.

deur à des choses effectivement mauvaises, parce qu'ils les croient effectivement bonnes (1), comme l'histoire ecclésiastique en donne des exemples; ce qui n'empêche pas, selon les Pères, qu'ils n'aient péché dans ces occasions?

Et, sans cela, comment les justes auraient-ils des pechés cachés? Comment serait-il véritable que Dieu seul en connaît et la grandeur et le nombre (2); que personne ne sait s'il est digne d'amour ou de haine, et que les plus saints doivent toujours demeurer dans la crainte et dans le tremblement, quoiqu'ils ne se sentent coupables en aucune chose, comme saint Paul le dit de lui-même (3)?

Concevez donc, mon père, que les exemples et des justes et des pécheurs renversent également cette nécessité, que vous supposez pour pécher, de connaître le mal et d'aimer la vertu contraire, puisque la passion que les impies ont pour les vices témoigne assez qu'ils n'ont aucun désir pour la vertu; et que l'amour que les justes ont pour la vertu témoigne hautement qu'ils n'ont pas toujours la connaissance des péchés qu'ils commettent chaque jour (4), selon l'Ecriture.

Et il est si vrai que les justes pèchent en cette sorte, qu'il est rare que les grands saints pèchent autrement. Car comment pourrait-on concevoir que ces âmes si pures, qui fuient avec tant de soin et d'ardeur les

1. C'est toujours la même solution. Si cette croyance est fondée, elle excuse ceux qui font la faute, ou si elle ne l'est pas, ils sont coupables dans une certaine mesure, suivant que leur ignorance était plus ou moins coupable elle-même.

2. Nous ne pouvons jamais bien connaître le nombre et la grandeur de nos fautes, parce que nous ne pouvons savoir exactement dans quelles dispositions d'esprit et de cœur nous les avons commises. Qui sait quelle était au juste la lumière qui éclairait alors sa raison et quel était exactement le degré d'assentiment de sa volonté?

3. Nous pouvons tous dire avec saint Paul : *Nihil mihi conscius sum, sed non in hoc justificatus sum* (1 Cor. IV, 4). On a souvent opposé ce texte aux Luthériens et aux Calvinistes qui prétendaient que l'homme est tenu à croire qu'il est justifié. (Conc. Trid. sess. VI, can. 13 et 14.)

4. Il y a des fautes vénielles qui résultent de nos imperfections dont nous n'avons pas toujours connaissance. Mais il ne peut pas se faire que nous commettions une faute grave sans le savoir. *Ignorantias meas ne memineris.* (Ps. XXIV, 7.) S. Paul dit dans le même sens : *Misericordiam Dei consecutus sum, quia ignorans feci.* (I Tim. 7, 23.)

moindres choses qui peuvent déplaire à Dieu aussitôt
qu'elles s'en aperçoivent, et qui pèchent néanmoins
plusieurs fois chaque jour (1), eussent à chaque fois,
avant que de tomber, « la connaissance de leur infirmité en cette occasion, celle du médecin, le désir de
leur santé, et celui de prier Dieu de les secourir » et
que, malgré toutes ces inspirations, ces âmes si zélées
ne laissassent pas de passer outre et de commettre le
péché?

Concluez donc, mon père, que ni les pécheurs, ni
même les plus justes, n'ont pas toujours ces connaissances, ces désirs, et toutes ces inspirations, toutes les
fois qu'ils pèchent ; c'est-à-dire, pour user de vos
termes, qu'ils n'ont pas toujours la grâce actuelle (2)
dans toutes les occasions où ils pèchent. Et ne dites
plus, avec vos nouveaux auteurs, qu'il est impossible
qu'on pèche quand on ne connaît pas la justice ; mais
dites plutôt, avec saint Augustin et les anciens Pères,
qu'il est impossible qu'on ne pèche pas quand on ne connaît pas la justice : *Necesse est ut peccet, a quo igno-
ratur justitia* (3).

Le bon père, se trouvant aussi empêché de soutenir
son opinion au regard des justes qu'au regard des pécheurs, ne perdit pas pourtant courage ; et après avoir
un peu rêvé (4) : Je m'en vas bien vous convaincre,
nous dit-il. Et reprenant son père Bauny à l'endroit
même qu'il nous avait montré : Voyez, voyez la raison
sur laquelle il établit sa pensée. Je savais bien qu'il ne
manquait pas de bonnes preuves. Lisez ce qu'il cite
d'Aristote ; et vous verrez qu'après une autorité si

1. Véniellement, par inadvertance le plus souvent ou par défaut
de réflexion, ce qui revient à cette ignorance qui diminue la faute,
sans l'annuler complètement.

2. Ils ont toujours la grâce suffisante, c'est-à-dire la lumière et la
force de volonté nécessaires, parce qu'autrement ils n'agiraient pas
librement.

3. Si la justice était ignorée invinciblement ou si la loi même naturelle n'était pas connue dans certaines de ses applications et de ses
conséquences, comme cela a lieu parmi les infidèles, il est certain qu'on
ne pècherait pas.

4. On ne peut rien voir de plus ridicule que ce bon père. La charge
est faite à merveille. Mais ce n'est qu'une caricature ; car il n'y a
jamais eu dans la Compagnie de Jésus un pareil imbécile.

expresse, il faut brûler les livres de ce prince des philosophes, ou être de notre opinion. Ecoutez donc les
principes qu'établit le père Bauny : il dit premièrement
« qu'une action ne peut être imputée à blâme lorsqu'elle est involontaire ». Je l'avoue, lui dit mon ami.
Voilà la première fois, leur dis-je, que je vous ai vus
d'accord ([1]). Tenez-vous-en là, mon père, si vous m'en
croyez. Ce ne serait rien faire, me dit-il ; car il faut
savoir quelles sont les conditions nécessaires pour faire
qu'une action soit volontaire. J'ai bien peur, répondis-je,
que vous ne vous brouilliez là-dessus ([2]). Ne craignez
point, dit-il, ceci est sûr : Aristote est pour moi. Ecoutez
bien ce que dit le père Bauny : « Afin qu'une action
soit volontaire, il faut qu'elle procède d'homme qui voie,
qui sache, qui pénètre ce qu'il y a de bien et de mal en
elle ([3]). VOLUNTARIUM *est*, dit-on communément avec le
philosophe ([4]) (vous savez bien que c'est Aristote, me
dit-il en me serrant les doigts), *quod fit a principio
cognoscente singula in quibus est actio :* si bien que
quand la volonté, à la volée et sans discussion, se porte
à vouloir ou abhorrer, faire ou laisser quelque chose
avant que l'entendement ait pu voir s'il y a du mal à la
vouloir ou à la fuir, la faire ou la laisser, telle action
n'est ni bonne ni mauvaise ([5]) ; d'autant qu'avant cette
perquisition, cette vue et réflexion de l'esprit dessus

1. Les Jansénistes étaient d'accord sur ce point avec les docteurs
catholiques. Ils admettaient bien qu'une action pour être imputable
devait être volontaire. Mais par volontaire ils entendaient non pas
ce que l'on fait librement, mais seulement ce que l'on fait sans contrainte. Ainsi ils disaient que, pour mériter ou démériter, il nous suffisait
d'avoir une liberté exempte de coaction ou de contrainte, et que nous
n'avions pas besoin d'une liberté exempte de nécessité. Dans les cinq
propositions de Jansénius, c'est la troisième. (Voyez plus haut, page 8.
2. C'est en effet en définissant le volontaire qu'on devait cesser de
s'entendre.
3. C'est même ce que l'on dit aujourd'hui dans toutes les philoso-
phies. Pour un acte libre, il faut d'abord que l'on ait la connaissance
de la bonté ou de la malice de l'action que l'on va faire. Ainsi, un
insensé, un homme qui dort, un enfant qui n'a pas l'usage de sa raison,
ne sont pas capables de faire un acte moral.
4. C'est ainsi qu'on désignait par antiphrase Aristote. Pascal se
moque de ce culte exagéré et tient à rendre les théologiens ridicules
en faisant croire qu'ils ne jugent que par le philosophe.
5. A moins toutefois que cette inadvertance, cette légèreté ne soit
elle-même coupable.

les qualités bonnes ou mauvaises de la chose à laquelle on s'occupe, l'action avec laquelle on la fait n'est volontaire. »

Eh bien, me dit le père, êtes-vous content? Il semble repartis-je, qu'Aristote est de l'avis du père Bauny; mais cela ne laisse pas de me surprendre. Quoi! mon père, il ne suffit pas, pour agir volontairement, qu'on sache ce que l'on fait, et qu'on ne le fasse que parce qu'on le veut faire; mais il faut de plus « que l'on voie, que l'on sache et que l'on pénètre ce qu'il y a de bien et de mal dans cette action » ? Si cela est, il n'y a guère d'actions volontaires dans la vie ; car on ne pense guère à tout cela (¹). Que de jurements dans le jeu, que d'excès dans les débauches, que d'emportements dans le carnaval, qui ne sont point volontaires (²), et par conséquent ni bons ni mauvais, pour n'être point accompagnés de ces *réflexions d'esprit sur les qualités bonnes ou mauvaises* de ce que l'on fait! Mais est-il possible, mon père, qu'Aristote ait eu cette pensée, car j'avais ouï dire que c'était un habile homme? Je m'en vais vous en éclaircir, me dit mon Janséniste. Et ayant demandé au père la *Morale* d'Aristote, il l'ouvrit au commencement du troisième livre, d'où le père Bauny a pris les paroles qu'il en rapporte, et dit à ce bon père : Je vous pardonne d'avoir cru, sur la foi du père Bauny qu'Aristote ait été de ce sentiment. Vous auriez changé d'avis si vous l'aviez lu vous-même. Il est bien vrai qu'il enseigne qu'afin qu'une action soit volontaire, « il faut connaître les particularités de cette action, SINGULA *in quibus est actio* (³) ». Mais qu'entend-il par là, sinon

---

1. On n'analyse pas toutes ses actions dans le détail. Mais on sent bien si l'on agit contre sa conscience, et si l'on passe outre, on est évidemment coupable. Dans le cas contraire, si l'ignorance où l'on est n'est pas coupable, assurément on ne pèche pas.

2. Les mauvaises actions sont au moins volontaires dans leur cause, et cela suffit pour qu'on en soit responsable.

3. Pascal a une façon de traduire qui est très perfide. On ne peut pas dire qu'il fasse un contre sens, mais il dénature la pensée de l'auteur pour lui faire dire ce qu'il veut. Voici la traduction de M. Thurot: « Le mot *involontaire* ne se dit pas ordinairement des actions de celui qui ignore ce qui est utile ou avantageux ; car l'ignorance de ce qu'il faudrait préférer ne fait pas qu'une action soit involontaire, mais c'est elle qui la rend vicieuse. Ce n'est même pas l'ignorance en général qui les rend involontaires, car elle est un juste sujet de blâme mais c'est l'ignorance

les circonstances particulières de l'action, ainsi que les exemples qu'il en donne le justifient clairement ; n'en rapportant point d'autres que de ceux où l'on ignore quelqu'une des circonstances, comme « d'une personne qui, voulant monter une machine, en décoche un dard qui blesse quelqu'un ; et de Mérope, qui tua son fils en pensant tuer son ennemi, » et autres semblables ?

Vous voyez donc par là quelle est l'ignorance qui rend les actions involontaires ; et que ce n'est que celle des circonstances particulières qui est appelée par les théologiens, comme vous le savez fort bien, mon père, *l'ignorance du fait*. Mais quant à celle *du droit*, c'est-à-dire quant à l'ignorance du bien et du mal qui est en l'action, de laquelle seule il s'agit ici, voyons si Aristote est de l'avis du père Bauny. Voici les paroles de ce philosophe : Tous les méchants ignorent ce qu'ils doivent faire et ce qu'ils doivent fuir ; et c'est cela même qui les rend méchants et vicieux. C'est pourquoi on ne peut pas dire que parce qu'un homme ignore ce qu'il est à propos qu'il fasse pour satisfaire à son devoir, son action soit involontaire. Car cette ignorance dans le choix du bien et du mal ne fait pas qu'une action soit involontaire ; mais seulement qu'elle est vicieuse. L'on doit dire la même chose de celui qui ignore en général les règles de son devoir (¹), puisque

à l'égard des choses particulières auxquelles se rapportent les actions. » Ainsi au lieu de dire avec les Jansénistes, comme le voulait Pascal, qu'aucune ignorance n'excuse, Aristote distingue, à l'égard du droit comme du fait, une ignorance vincible et une ignorance invincible. L'ignorance d'un homme qui ne connaît pas son devoir ne rend pas ses actions involontaires, parce que cette ignorance est coupable et que les fautes qui en résultent ont été volontaires, du moins dans leur cause.

1. Aristote parle en cet endroit de l'ignorance de fait et de l'ignorance de droit. « Il peut arriver, dit Aristote, qu'un homme ne sache pas ce qu'il fait ; comme lorsqu'on est dans le cas de dire qu'un mot nous est échappé, ou lorsqu'on révèle aux profanes les rites des mystères, mais sans savoir que cela fût défendu, ainsi qu'il arriva à Eschyle (dans ce cas il y a ignorance du droit), ou lorsqu'en voulant montrer le mécanisme d'un catapulte, on fait partir le trait. On peut aussi quelquefois, comme Mérope, s'imaginer qu'on voit un ennemi mortel dans son propre fils, ou croire qu'un javelot est garni par la pointe, tandis qu'il est armé d'un fer tranchant, ou lancer une pierre dure, parce qu'on suppose que c'est une pierre ponce ; ou en poussant quelqu'un pour lui sauver la vie, le tuer ; ou porter un coup dangereux en ne voulant que s'essayer, à la manière de ceux qui préludent aux combats de la lutte et du pugilat. Dans

cette ignorance rend les hommes dignes de blâme, et non d'excuse. Et ainsi l'ignorance qui rend les actions involontaires et excusables est seulement celle qui regarde le fait en particulier et ses circonstances singulières. Car alors on pardonne à un homme, et on l'excuse, et on le considère comme ayant agi contre son gré.

Après cela, mon père, direz-vous encore qu'Aristote soit de votre opinion? Et qui ne s'étonnera de voir qu'un philosophe païen ait été plus éclairé que vos docteurs en une matière aussi importante à toute la morale, et à la conduite même des âmes, qu'est la connaissance des conditions qui rendent les actions volontaires ou involontaires, et qui ensuite les excusent ou ne les excusent pas de péché? N'espérez donc plus rien, mon père, de ce prince des philosophes ; et ne résistez plus au prince des théologiens, qui décide ainsi ce point, au livre 1ᵉʳ de ses RÉTR., ch. XV : « Ceux qui pèchent par ignorance ne font leur action que parce qu'ils la veulent faire, quoiqu'ils pèchent sans qu'ils veuillent pécher. Et ainsi ce péché même d'ignorance (1) ne peut être commis que par la volonté de celui qui le commet, mais par une volonté qui se porte à l'action, et non au péché : ce qui n'empêche pas néanmoins que l'action ne soit péché, parce qu'il suffit pour cela qu'on ait fait ce qu'on était obligé de ne point faire. »

Le père me parut surpris (2) et plus encore du passage d'Aristote que de celui de saint Augustin. Mais comme il pensait à ce qu'il devait dire, on vint l'avertir que Mme la maréchale de... et Mme la marquise de... le demandaient (3). Et ainsi, en nous quittant à la

tous ces cas, celui qui agit, ignorant quelqu'une des choses qui constituent son action, est censé l'avoir faite involontairement. (*De la morale d'Aristote*, l. III, ch. 1, trad. de Thurot.) Nous avons cité le passage d'Aristote tout entier pour montrer que son principe peut s'entendre de l'ignorance du fait et de l'ignorance du droit.

1. Dans la pensée du prince des théologiens comme du prince des philosophes, il s'agit toujours d'une ignorance vincible et par conséquent d'une ignorance coupable.

2. Si le prétendu père avait eu l'esprit moins court, il n'aurait pas été étonné de ces passages d'Aristote et de saint Augustin. Il lui était facile de s'en tirer sans avoir recours à une distinction bien subtile.

3. Ce père, qui n'en sait pas long, est néanmoins le directeur de Mme la maréchale de... et de Mme la marquise de.. C'est là le sel de la satire

hâte : J'en parlerai, dit-il, à nos pères. Ils y trouveront
bien quelque réponse : nous en avons ici de bien subtils.
Nous l'entendîmes bien ; et, quand je fus seul avec mon
ami, je lui témoignai d'être étonné du renversement
que cette doctrine apportait dans la morale. A quoi il
me répondit qu'il était bien étonné de mon étonnement.
Ne savez-vous donc pas encore que leurs excès sont
beaucoup plus grands dans la morale (¹) que dans les
autres matières? Il m'en donna d'étranges exemples, et
remit le reste à une autre fois. J'espère que ce que j'en
apprendrai sera le sujet de notre premier entretien. Je
suis, etc. (²).

1. Pascal annonce que, désormais, c'est sur ce terrain qu'il va se
placer. Il n'attaquera plus que les Jésuites et leur reprochera de ren-
verser la morale par leurs opinions relâchées.

2. Cette lettre est bien inférieure à la première. On n'y trouve ni la
même verve, ni le même esprit. Les situations ne sont pas aussi comiques
et la discussion ne marche pas avec le même entrain. La critique d'Aristote, du philosophe par excellence, ou plutôt le ridicule jeté sur les théologiens qui en appelaient dans leurs différends au prince des philosophes
comme s'il avait été compétent dans les matières théologiques, est
une des pages les plus curieuses de cette lettre. Le trait décoché à la
fin est aussi d'une malicieuse finesse. Mais le bon père qui est mis sur la
scène est d'une médiocrité et d'une ignorance qui dépassent toute vrai-
semblance. Pascal le dit habile et un des habiles de la Société; mais si
les Jésuites n'avaient pas eu d'hommes plus distingués, ils n'auraient
pas eu l'influence qui les a suivis partout où ils se sont établis et Pascal
n'aurait pas cherché à discréditer au profit de Port-Royal cette puis-
sante Compagnie dont tout le tort, aux yeux de ses adversaires, a été
de jouir d'une considération et d'un crédit qu'ils auraient bien voulu
avoir.

AVERTISSEMENT

SUR LA

TREIZIÈME PROVINCIALE

Dans cette lettre, Pascal revient sur les sujets qu'il avait traités dans sa cinquième et septième Provinciale: sur l'homicide, la politique des Jésuites et le probabilisme.

Cette dernière question étant, aux yeux de Pascal, l'arme à deux tranchants au moyen de laquelle les bons pères savent faire face à toutes difficultés, nous croyons nécessaire d'entrer ici dans quelques détails sur ce point; d'autant plus qu'il y a là des distinctions d'école qu'il importe de connaître pour pouvoir se rendre compte du débat.

En morale, il y a un très grand nombre de cas particuliers dont la solution offre de grandes difficultés. Naturellement sur ces points douteux les théologiens sont divisés; les uns soutiennent un sentiment, les autres un autre.

On s'est demandé, en présence de cette division, quelle est de deux opinions contraires la plus probable. Pour s'éclairer, on examine les raisons sur lesquelles sont appuyées ces deux opinions. Si ces raisons paraissent également fortes, on dit que les deux opinions sont également probables, puisqu'on n'a pas plus de motifs pour admettre l'une que l'autre.

Cette probabilité est ce qu'on appelle dans l'école la probabilité intrinsèque.

Mais dans la théologie morale comme dans le droit, on ne s'en rapporte pas seulement à sa raison pour décider une question litigieuse. On aime à en référer à l'autorité; c'est-à-dire on se demande quels sont les auteurs qui ont soutenu ces oppositions opposées. On

5

les énumère, on apprécie leur valeur et si de deux opinions qui ont paru également probables intrinsèquement, l'un est soutenue par des théologiens plus graves que l'autre, on regardera la première comme plus probable.

On voit que le degré de probabilité varie suivant l'appréciation des individus et que le sentiment qui vous paraîtra le plus probable pourra me paraître le moins, et réciproquement.

Par rapport aux motifs de probabilité, tous les théologiens disent qu'une opinion ne peut être considérée comme probable par là même qu'elle est en opposition avec la loi de Dieu, le sentiment général de l'Eglise et la tradition.

C'est un principe dont Pascal ne semble pas se douter. Car il suppose perpétuellement que la probabilité plus ou moins grande d'une proposition quelconque est une chose purement arbitraire.

A l'égard des autorités, les théologiens, disent avec raison qu'il faut les peser plutôt que les compter. Ainsi l'autorité d'un homme comme saint Thomas vaut à elle seule plus que les suffrages de dix théologiens.

D'où l'on a été amené à supposer cette absurdité : c'est qu'il suffit qu'une proposition quelconque soit avancée par un seul théologien pour être probable, quel que soit d'ailleurs l'enseignement de l'Eglise.

Les théologiens jésuites et autres enseignent en même temps que l'on ne peut suivre une opinion même très probable et qu'il faut prendre toujours le parti le plus sûr en matière de foi, et quand il s'agit de la validité des sacrements, à moins qu'on ne soit dans une nécessité extrême et qu'on ne puisse faire autrement.

Ils ne veulent pas non plus qu'un juge, un notaire, un médecin se contente d'une simple probabilité dans l'exercice de leurs fonctions. Il doit toujours prendre le parti le plus sûr. Le chasseur ne peut tirer une pièce de gibier pour peu qu'il soit exposé à atteindre une personne. Quand même il serait très probable, infiniment probable qu'il ne l'atteindra pas, il n'a pas le droit, s'il y a le moindre péril, de tirer.

Pascal n'a pas l'air de tenir compte de ces exclusions. Dans son hypothèse, toute opinion peut devenir probable et tout individu, en toutes circonstances, a le droit de suivre une opinion probable. Il arrive ainsi facilement aux conséquences les plus monstrueuses.

Le probabilisme, de l'aveu de tous, n'est applicable que dans le cas d'une loi douteuse. Est-on obligé, par exemple, de jeûner quand on a 60 ans ?

Il est probable que non, répond saint Liguori. D'autres disent l'opposé ! et par conséquent le sentiment contraire est probable aussi.

Puis-je dans ce cas m'exempter de la loi ? Les probabilistes répondent affirmativement et les tutioristes négativement.

Ainsi l'on voit que les probabilistes favorisent la liberté, et les tutioristes la loi. Les uns sont indulgents et les autres sévères.

Les Jansénistes affectaient une morale excessivement austère et rigide. Ils ne donnaient presque jamais l'absolution, ne trouvant pas le pécheur suffisamment disposé.

Ils auraient voulu rétablir toutes les austérités des anachorètes et des premiers chrétiens, et ils prétendaient qu'en tout on doit suivre le parti le plus sûr.

Ce tutiorisme a été condamné par le Saint-Siège, et, s'il avait été suivi exclusivement dans la pratique, il aurait éloigné les fidèles de la fréquentation des sacrements, il aurait rendu la voie du bien inaccessible et, à force de dépouiller la vertu de tous ses attraits, il aurait jeté le découragement dans les âmes et serait arrivé, sous prétexte de perfection, à faire déserter le devoir comme une chose impossible.

Les Jésuites et tous les théologiens catholiques ont été au contraire probabilistes ou probabilioristes.

Le probabilisme est devenu en quelque sorte la doctrine générale de l'Eglise. C'est saint Alphonse de Liguori qui l'a soutenue et développée tout particulièrement dans ces derniers temps, et il a été mis au nombre des Docteurs à la suite des Augustin, des Ambroise, des Grégoire, des Thomas d'Aquin, et proclamé une des lumières de la sainte Eglise.

On voit que, sur ce point comme sur le reste, ceux que Pascal veut faire passer pour les corrupteurs de la religion et de la morale en ont été au contraire les fidèles gardiens.

Dans la dernière partie de cette lettre, Pascal suppose que la politique des Jésuites consiste à se servir du probabilisme pour rendre admissibles toutes les opinions les plus contraires. Ils ont ainsi des théologiens sévères et des théologiens relâchés et leur doctrine peut s'accommoder à tous les goûts. C'est par cette condescendance coupable qu'ils ont conquis leur influence et qu'ils sont parvenus à se rendre maîtres des consciences, à la cour comme à la ville, parmi les grands seigneurs comme parmi les artisans.

Le P. Nouet était pour Pascal ce que fut le P. Nonotte pour Voltaire. Il relevait parfaitement les erreurs de son adversaire, ses exagérations, ses contradictions même, mais il n'avait ni son esprit caustique, ni son style âpre et mordant. Il n'avait pas la force de ramasser les armes dont se servait Pascal et de les tourner contre lui.

Autrement il lui aurait été aisé de trouver chez les Port-Royalistes les défauts que Pascal reprochait aux Jésuites. Car les solitaires de Port-Royal n'étaient pas moins avides d'influence que les disciples de saint Ignace et s'ils attaquaient ceux-ci aussi vivement, c'est parce que leur esprit jaloux voyait en eux des rivaux dont les succès leur portaient ombrage.

LES
PROVINCIALES

TREIZIÈME LETTRE ÉCRITE

PAR L'AUTEUR DES LETTRES AU PROVINCIAL

AUX RÉVÉRENDS PÈRES JÉSUITES

Que la doctrine de Lessius sur l'homicide est la même que celle de Victoria. — Combien il est facile de passer de la spéculation à la pratique. — Pourquoi les Jésuites se sont servis de cette vaine distinction, et combien elle est inutile pour les justifier.

Du 30 septembre 1656.

MES RÉVÉRENDS PÈRES (¹),

Je viens de voir votre dernier écrit, où vous continuez vos impostures (²) jusqu'à la vingtième, en déclarant que vous finissez par là cette sorte d'accusation, qui faisait votre première partie, pour en venir à la seconde, où vous devez prendre une nouvelle manière de vous défendre, en montrant qu'il y a bien d'autres casuistes

---

1. A partir de la onzième lettre, Pascal s'adresse directement aux Jésuites. Le père Nouet avait relevé toutes les erreurs qu'avait commises l'auteur des Lettres à un Provincial. Il avait énuméré toutes ses calomnies et toutes ses impostures. En face de ces accusations, Pascal quitte l'arme de la plaisanterie, il devient furieux et violent et s'efforce de parer les coups que lui portent ses adversaires.

2. On se renvoyait les uns aux autres la même accusation.

que les vôtres qui sont dans le relâchement (¹) aussi bien que vous. Je vois donc maintenant, mes pères, à combien d'impostures j'ai à répondre ; et, puisque la 4ᵉ où nous en sommes demeurés est sur le sujet de l'homicide (²), il sera à propos, en y répondant, de satisfaire en même temps aux 11ᵉ, 13ᵉ, 14ᵉ, 15ᵉ, 16ᵉ, 17ᵉ et 18ᵉ, qui sont sur le même sujet.

Je justifierai donc dans cette lettre la vérité de mes citations contre les faussetés que vous m'imposez. Mais parce que vous avez osé avancer dans vos écrits « que les sentiments de vos auteurs sur le meurtre sont conformes aux décisions des Papes et des lois ecclésiastiques », vous m'obligerez à détruire, dans ma lettre suivante (³), une proposition si téméraire et si injurieuse à l'Église. Il importe de faire voir qu'elle est exempte de vos corruptions (⁴), afin que les hérétiques ne puissent pas se prévaloir de vos égarements pour en tirer des conséquences qui la déshonorent. Et ainsi, on voyant d'une part vos pernicieuses maximes, et de l'autre les canons de l'Église qui les ont toujours condamnées, on trouvera tout ensemble et ce qu'on doit éviter, et ce qu'on doit suivre.

Votre quatrième imposture est sur une maxime touchant le meurtre, que vous prétendez que j'ai faussement attribuée à Lessius (⁵). C'est celle-ci : « Celui qui a

1. Le père Daniel a refait les Provinciales les plus violentes et il a montré qu'en changeant les noms, on pouvait dire des Dominicains, des Franciscains, des docteurs de Sorbonne et en général de tous les théologiens ce que Pascal disait des Jésuites.

2. Pascal avait traité cette question dans sa VIIᵉ lettre et le Père Nouet avait relevé toutes les erreurs et toutes les exagérations dans lesquelles il était tombé à l'égard des Jésuites.

3. Dans la XIVᵉ lettre, Pascal entreprend en effet, à sa manière, d'établir cette thèse.

4. C'est le propre de tous les hérétiques d'affecter un profond respect pour l'Église. Pascal n'y manque pas et l'on sait comment il se soumettait aux décisions du Saint-Siège, quand elles lui étaient contraires : Rome me condamne, disait-il, mais Dieu m'absout.

5. Lessius est un des théologiens les plus distingués de la Société de Jésus. Il a publié un traité *De Justitia et jure* qui passe pour un des meilleurs ouvrages qui aient paru sur cette matière. Saint François de Sales lui écrivait : « J'ai vu votre Traité où vous avez résolu, mieux qu'aucun des théologiens, les difficultés de cette partie de la théologie. » Il professa avec une grande distinction à Louvain et y mourut le 25 janvier 1623, profondément vénéré.

reçu un soufflet peut poursuivre à l'heure même son ennemi, et même à coups d'épée, non pas pour se venger, mais pour réparer son honneur. » Sur quoi vous dites que cette opinion-là est du casuiste Victoria (¹). Et ce n'est pas encore là le sujet de la dispute : car il n'y a point de répugnance à dire qu'elle soit tout ensemble de Victoria et de Lessius, puisque Lessius dit lui-même qu'elle est aussi de Navarre et de votre père Henriquez(²), qui enseignent « que celui qui a reçu un soufflet peut à l'heure même poursuivre son homme, et lui donner autant de coups qu'il jugera nécessaire pour réparer son honneur ». Il est donc seulement question de savoir si Lessius est du sentiment de ces auteurs, aussi bien que son confrère. Et c'est pourquoi vous ajoutez que « Lessius ne rapporte cette opinion que pour la réfuter ; et qu'ainsi je lui attribue un sentiment qu'il n'allègue que pour le combattre, qui est l'action du monde la plus lâche et la plus honteuse à un écrivain ». Or je soutiens, mes pères, qu'il ne la rapporte que pour la suivre. C'est une question de fait qu'il sera bien facile de décider. Voyons donc comment vous prouvez ce que vous dites, et vous verrez ensuite comment je prouve ce que je dis.

Pour montrer que Lessius n'est pas de ce sentiment, vous dites qu'il en condamne la pratique. Et, pour prouver cela, vous rapportez un de ses passages, liv. 2, c. 9, n° 82, où il dit ces mots : « J'en condamne la pratique (³). » Je demeure d'accord que, si on cherche ces

1. En Espagne, où l'on est si délicat sur le point d'honneur, on regardait un soufflet comme une injure que l'on ne pouvait supporter quand on avait du cœur. Selon les mœurs du pays, l'honneur étant plus précieux que la vie, on prétendait que l'on pouvait repousser cette offense comme on repousse l'agression dans le cas de légitime défense. Cette opinion a été spéculativement adoptée par deux ou trois théologiens espagnols, qui se sont montrés trop accommodants à l'égard des idées généralement reçues dans leur nation.

2. Henriquez était un théologien célèbre de Salamanque. Il avait introduit dans sa théologie plusieurs propositions que les réviseurs avaient rejetées. N'ayant pas voulu se soumettre à leur censure, il fut obligé de quitter la Société. On ne peut donc pas rendre les Jésuites responsables de ses opinions.

3. Il y a ici une confusion de texte qu'il importe de débrouiller pour rendre la question très nette. Ce n'est pas au n° 82 que Lessius examine la question si l'on peut tuer pour un soufflet, ou, pour mieux rendre la pensée, pour une injure grave qui soit un attentat à l'honneur, mais aux n°s 79 et 80, comme il est dit à l'alinéa suivant.

paroles dans Lessius, au nombre 82, où vous les citez, on les y trouvera. Mais que dira-t-on, mes pères, quand on verra en même temps qu'il traite en cet endroit d'une question toute différente de celle dont nous parlons (1), et que l'opinion dont il dit en ce lieu-là qu'il en condamne la pratique n'est en aucune sorte celle dont il s'agit ici, mais une autre toute séparée ? Cependant il ne faut, pour en être éclairci, qu'ouvrir le livre même où vous renvoyez ; car on y trouvera toute la suite de son discours en cette manière.

Il traite la question, « savoir si on peut tuer pour un soufflet, » au n° 79, et il la finit au n° 80, sans qu'il y ait en tout cela un seul mot de condamnation (2). Cette question étant terminée, il en commence une nouvelle en l'article 81, « savoir si on peut tuer pour des médisances ». Et c'est sur celle-là qu'il dit, au n° 82, ces paroles que vous avez citées : « J'en condamne la pratique (3). »

N'est-ce donc pas une chose honteuse, mes pères, que vous osiez produire ces paroles pour faire croire que Lessius condamne l'opinion qu'on peut tuer pour un soufflet, et que, n'en ayant rapporté en tout que cette seule preuve, vous triomphiez là-dessus, en disant, comme vous faites : « Plusieurs personnes d'honneur dans Paris ont déjà reconnu cette insigne fausseté par la lecture de Lessius, et ont appris par là quelle créance on doit avoir à ce calomniateur ? » Quoi ! mes pères, est-ce ainsi que vous abusez de la créance que ces personnes d'honneur ont en vous ? Pour leur faire entendre que Lessius n'est pas d'un sentiment, vous leur ouvrez

---

1. Aux n°s 81 et 82 il ne traite pas d'une question toute différente ; mais c'est la même question, l'homicide. Il examine ce que l'on doit penser des calomniateurs. Dans le cas où la calomnie atteint l'honneur, a-t-on le droit de tuer le calomniateur ?

2. C'est une erreur. Lessius condamne le sentiment de Victoria ; seulement il dit que spéculativement on peut croire qu'on a le droit de repousser celui qui attente à l'honneur comme celui qui attente à la vie, parce que l'honneur est plus cher que la vie. Mais il ajoute qu'il *ne faut pas en permettre facilement la pratique*. C'est une espèce d'euphémisme dont il use pour ménager Victoria qu'il contredit.

3. A cet égard il dit : *Hæc quoque sententia non est sequenda*. Le mot *quoque* indique clairement que la question est la même et qu'il condamne ces deux sentiments

son livre en un endroit où il en condamne un autre (¹). Et comme ces personnes n'entrent pas en défiance de votre bonne foi, et ne pensent pas à examiner s'il s'agit en ce lieu-là de la question contestée, vous trompez ainsi leur crédulité. Je m'assure, mes pères, que, pour vous garantir d'un si honteux mensonge, vous avez eu recours à votre doctrine des équivoques, et que, lisant ce passage *tout haut*, vous disiez *tout bas* (²) qu'il s'y agissait d'une autre matière. Mais je ne sais si cette raison, qui suffit bien pour satisfaire votre conscience, suffira pour satisfaire la juste plainte que vous feront ces gens d'honneur, quand ils verront que vous les avez joués de cette sorte.

Empêchez-les donc bien, mes pères, de voir mes lettres, puisque c'est le seul moyen qui vous reste pour conserver encore quelque temps votre crédit. Je n'en use pas ainsi des vôtres : j'en envoie à tous mes amis ; je souhaite que tout le monde les voie (³) ; et je crois que nous avons tous raison. Car enfin, après avoir publié cette quatrième imposture avec tant d'éclat, vous voilà décriés, si on vient à savoir que vous y avez supposé un passage pour un autre. On jugera facilement que, si vous eussiez trouvé ce que vous demandiez au lieu même où Lessius traite cette matière, vous ne l'eussiez pas été chercher ailleurs ; et que vous n'y avez eu recours que parce que vous n'y voyiez rien qui fût favorable à votre dessein. Vous vouliez faire trouver dans Lessius ce que vous dites dans votre imposture, page 10, ligne 12, « qu'il n'accorde pas que cette opinion soit probable dans la spéculation ; » et Lessius dit expressément en sa conclusion, nº 80 : « Cette opinion, qu'on peut tuer un

1. Pascal triomphe ici facilement. Le P. Nouet a été parfaitement exact en disant que Lessius condamnait l'homicide pour attentat à l'honneur, qu'il s'agisse d'un soufflet ou d'une calomnie grave. Suarez d'ailleurs, un des premiers théologiens de la Société, condamne fortement ces deux sentiments et appuie sa condamnation des plus solides raisons.

2. Allusion aux restrictions mentales dont Pascal a parlé dans sa neuvième lettre, où il a faussé la doctrine des Jésuites sur ce point comme sur tout le reste.

3. A la violence avec laquelle Pascal y répond, nous ne croyons pas qu'il les ait jugées aussi inoffensives qu'il le prétend.

homme pour un soufflet reçu (¹) est probable dans la spéculation. » N'est-ce pas là mot à mot le contraire de votre discours? Et qui peut assez admirer avec quelle hardiesse vous produisez en propres termes le contraire d'une vérité de fait; de sorte qu'au lieu que vous concluiez, de votre passage supposé, que Lessius n'était pas de ce sentiment, il se conclut fort bien, de son véritable passage, qu'il est de ce même sentiment?

Vous vouliez encore faire dire à Lessius « qu'il en condamne la pratique »; et, comme je l'ai déjà dit, il ne se trouve pas une seule parole de condamnation en ce lieu-là; mais il parle ainsi : « Il semble qu'on n'en doit pas FACILEMENT permettre la pratique : *In praxi non videtur* FACILE PERMITTENDA. » Est-ce là, mes pères, le langage d'un homme qui *condamne* une maxime (²)? Diriez-vous qu'il ne faut pas *permettre facilement*, dans la pratique, les adultères ou les incestes (³)? Ne doit-on pas conclure au contraire que, puisque Lessius ne dit autre chose, sinon que la pratique n'en doit pas être facilement permise, son sentiment est (⁴) que cette pratique peut être quelquefois permise, quoique rarement? Et comme s'il eût voulu apprendre à tout le monde quand on le doit permettre, et ôter aux personnes offensées les scrupules qui les pourraient troubler mal à propos, ne sachant en quelles occasions il leur est permis de tuer dans la pratique, il a eu soin de leur marquer ce qu'ils doivent éviter pour pratiquer cette doctrine en conscience. Écoutez-le, mes pères : « Il semble, dit-il, qu'on ne doit pas le permettre facilement, A CAUSE du danger qu'il y a qu'on agisse en cela par haine ou par vengeance, ou avec excès, ou que cela

1. Un homme reçoit un soufflet, il est atteint dans son honneur, il devient colère, il frappe celui qui l'a ainsi publiquement injurié. Nous ne disons pas assurément qu'il a eu raison. Cependant s'il est traduit devant les tribunaux, le condamnera-t-on à mort? Il pourra même être acquitté, suivant les circonstances. L'opinion de Lessius n'est donc pas aussi monstrueuse que Pascal veut le faire croire.

2. Ce n'est pas une condamnation aussi nette, aussi énergique que nous le désirerions. Mais si l'on rapproche cette décision de la suivante : *Hæc quoque sententia non est sequenda*; ce que l'on peut trouver de défectueux dans l'expression de Lessius se réduit à une nuance.

3. Non; mais on ne dirait pas non plus spéculativement qu'ils peuvent être permis.

4. Cette phrase est embarrassée.

ne causât trop de meurtres (¹). » De sorte qu'il est clair
que ce meurtre restera tout à fait permis dans la pratique (²), selon Lessius, si on évite ces inconvénients,
c'est-à-dire si l'on peut agir sans haine, sans vengeance, et dans des circonstances qui n'attirent pas
beaucoup de meurtres. En voulez-vous un exemple,
mes pères? en voici un assez nouveau : c'est celui du
soufflet de Compiègne (³). Car vous avouerez que celui
qui l'a reçu a témoigné, par la manière dont il s'est
conduit, qu'il était assez maître des mouvements de
haine et de vengeance. Il ne lui restait donc qu'à éviter un trop grand nombre de meurtres : et vous savez,
mes pères, qu'il est si rare que des Jésuites donnent
des soufflets aux officiers de la maison du roi, qu'il n'y
avait pas à craindre qu'un meurtre en cette occasion
en eût tiré beaucoup d'autres en conséquence. Et ainsi
vous ne sauriez dire que ce Jésuite ne fût tuable en sûreté de conscience, et que l'offensé ne pût en cette rencontre pratiquer la doctrine de Lessius. Et peut-être,
mes pères, qu'il l'eût fait s'il eût été instruit dans votre
école, et s'il eût appris d'Escobar (⁴) « qu'un homme qui

1. Ces restrictions nous semblent suffisantes pour qu'il ne soit même
jamais possible de faire l'application du principe spéculatif, attendu
qu'on aura toujours quelques-uns de ces inconvénients à craindre.

2. Mais ces inconvénients étant à peu près inévitables, c'est la conséquence contraire qu'il faut tirer.

3. Cette histoire a été traitée de fable par le P. Nouet, qui oppose aux
assertions de Pascal le démenti de l'offensé lui-même. « Ce n'est encore,
disait le P. Nouet, qu'un soufflet à la vérité. » Pascal revient sur ce
fait dans le P. S. de sa XIV⁰ lettre... « Il est constant, dit-il, mes
pères, par l'aveu de l'offensé, qu'il a reçu sur la joue un coup de la
main d'un Jésuite ; et tout ce qu'ont pu faire vos amis a été de mettre
en doute s'il l'a reçu de l'avant-main ou de l'arrière main, et d'agiter
la question si un coup de revers de la main sur la joue doit être appelé
soufflet ou non. Je ne sais à qui il appartient d'en décider; mais je
crois que c'est au moins un soufflet *probable*. Cela me met en sûreté
de conscience. » Il faut avouer qu'il n'y a là rien de bien sérieux.

4. Escobar est un des casuistes qui joue le plus grand rôle dans les *Provinciales*. Il mourut à Madrid en 1669, vénéré de toute l'Espagne. Il a
composé de nombreux ouvrages. Celui que Pascal tourne en ridicule, c'est sa grande théologie morale en 7 vol. in-folio, dont il avait
fait un résumé dans la petite théologie morale, un grand vol. in-8°.
Ce bon père était très étonné du pervertissement que l'on avait fait en
France de son enseignement. Il disait au duc d'Ossona son ami et son
pénitent : En Espagne, on a voulu me déférer à l'Inquisition, parce
qu'on trouvait ma doctrine trop sévère, et voilà qu'en France un

a reçu un soufflet est réputé sans honneur jusqu'à ce qu'il ait tué celui qui le lui a donné (1) ». Mais vous avez sujet de croire que les instructions fort contraires qu'il a reçues d'un curé que vous n'aimez pas trop n'ont pas peu contribué en cette occasion à sauver la vie à un Jésuite.

Ne nous parlez donc plus de ces inconvénients qu'on peut éviter en tant de rencontres, et hors lesquels le meurtre est permis, selon Lessius, dans la pratique même. C'est ce qu'ont bien reconnu vos auteurs, cités par Escobar dans la *Pratique de l'homicide selon votre société*, t. I, ex. 7, n° 48. « Est-il permis, dit-il, de tuer celui qui a donné un soufflet ? Lessius dit que cela est permis dans la spéculation, mais qu'on ne le doit pas conseiller dans la pratique, *non consulendum in praxi*, à cause du danger de la haine ou des meurtres nuisibles à l'État qui en pourraient arriver. MAIS LES AUTRES ONT JUGÉ QU'EN ÉVITANT CES INCONVÉNIENTS (2) CELA EST PERMIS ET SUR DANS LA PRATIQUE : *In praxi probabilem et tutam judicarunt Henriquez*, etc. » Voilà comment les opinions s'élèvent peu à peu jusqu'au comble de la probabilité (3) ; car vous y avez porté celle-ci, en la permettant enfin sans aucune distinction de spéculation ni de pratique, en ces termes : « Il est permis, lorsqu'on a reçu un soufflet, de donner incontinent un coup d'épée, non pas pour se venger, mais pour conserver son honneur. » C'est ce qu'ont enseigné vos pères à Caen, en 1644, dans leurs écrits publics, que l'Université produisit au Parlement lorsqu'elle y présenta sa troisième enquête contre votre doctrine de l'homicide, comme il se voit en la page 339 du livre qu'elle en fit alors imprimer.

---

libelle répandu partout me fait passer pour un théologien relâché, pour un corrupteur de la morale de J.-C.

1. C'était l'opinion généralement reçue en Espagne.

2. Oui, mais est-il possible de les éviter ? Peut-il se faire qu'il n'y ait dans cette action ni vengeance ni haine ? Alors ce serait un mouvement premier, indélibéré qui vous échappe dans la colère, et dans ce cas tout le monde serait de l'avis de ces théologiens qui croient que la faute n'est pas imputable.

3. Pascal change ici de sujet. Après être revenu sur la question de l'homicide qu'il avait traitée dans sa VIIe lettre, il va reprendre le probabilisme et la politique des Jésuites qui ont fait l'objet de la Ve.

Remarquez donc, mes pères, que vos propres auteurs ruinent d'eux-mêmes cette vaine distinction de spéculation et de pratique (¹), que l'Université avait traitée de ridicule, et dont l'invention est un secret de votre politique qu'il est bon de faire entendre. Car, outre que l'intelligence en est nécessaire pour les quinze, seize, dix-sept et dix-huitième impostures, il est toujours à propos de découvrir peu à peu les principes de cette politique mystérieuse.

Quand vous avez entrepris de décider les cas de conscience d'une manière favorable et accommodante, vous en avez trouvé où la religion seule était intéressée, comme les questions de la contrition, de la pénitence, de l'amour de Dieu, et toutes celles qui ne touchent que l'intérieur des consciences. Mais vous en avez trouvé d'autres où l'Etat a intérêt aussi bien que la religion, comme sont celles de l'usure, des banqueroutes, de l'homicide, et autres semblables. Et c'est une chose bien sensible (²) à ceux qui ont un véritable amour pour l'Eglise, de voir qu'en une infinité d'occasions où vous n'avez eu que la religion à combattre, vous en avez renversé les lois sans réserve, sans distinction et sans crainte, comme il se voit dans vos opinions si hardies contre la pénitence (³) et l'amour de Dieu (⁴); parce que vous saviez que ce n'est pas ici le lieu où Dieu

1. Cette distinction n'est nullement vaine et n'est pas propre aux Jésuites. Tout le monde sait bien qu'en morale, comme en jurisprudence, il y a des principes qui sont vrais spéculativement, mais qu'on est obligé de modifier dans la pratique, suivant les circonstances de temps, de lieu, de personnes. Le fatalisme ne tient pas compte de ces détails, mais quand on croit à la liberté de l'homme, il faut bien admettre que la morale n'est pas une science rigide et inflexible comme les mathématiques.

2. C'est une chose bien sensible, qui impressionne vivement.

3. Pascal, comme tous les Jansénistes, voulait qu'on imposât les pénitences les plus sévères aux pécheurs et qu'on ne leur donnât, pour ainsi dire, jamais l'absolution. Ils parlaient de rétablir la pénitence publique telle qu'elle était aux premiers siècles de l'Eglise, sans tenir compte de la différence des temps, des mœurs et des personnes.

4. Avec leur système de la double délectation, ils prétendaient que le chrétien ne devait pas avoir d'autre mobile que l'amour de Dieu. La crainte, l'intérêt, tout autre mobile quelconque viciait nécessairement l'acte. Les Jésuites et les théologiens catholiques étaient tous fortement opposés à ces doctrines outrées. Pascal prétend qu'ils ont renversé la religion par l'adoucissement de leurs principes; c'est la conséquence opposée qu'il faudrait tirer.

exerce visiblement sa justice. Mais dans celles où l'Etat
est intéressé aussi bien que la religion, l'appréhension
que vous avez eue de la justice des hommes vous a fait
partager vos décisions et former deux questions sur ces
matières : l'une que vous appelez *de spéculation*, dans
laquelle, en considérant ces crimes en eux-mêmes, sans
regarder à l'intérêt de l'Etat, mais seulement à la loi
de Dieu qui les défend, vous les avez permis sans
hésiter, en renversant ainsi la loi de Dieu qui les condamne ; l'autre que vous appelez *de pratique* (¹), dans
laquelle, en considérant le dommage que l'Etat en rece-
vrait, et la présence des magistrats qui maintiennent
la sûreté publique, vous n'approuvez pas toujours dans
la pratique ces meurtres et ces crimes que vous trouvez
permis dans la spéculation, afin de vous mettre par là
à couvert du côté des juges. C'est ainsi, par exemple,
que, sur cette question, « s'il est permis de tuer pour
des médisances, » vos auteurs, Filiutius (²), tr. 29, c. 3,
nº 52 ; Reginaldus (³), l. 21, c. 5, nº 63 ; et les autres
répondent : « Cela est permis dans la spéculation, *ex
probabili opinione licet ;* mais je n'en approuve pas la
pratique, à cause du grand nombre de meurtres qui en
arriveraient et feraient tort à l'Etat si on tuait tous les
médisants ; et qu'aussi on serait puni en justice en
tuant pour ce sujet. » Voilà de quelle sorte vos opinions
commencent à paraître sous cette distinction, par le
moyen de laquelle vous ne ruinez que la religion sans
blesser encore sensiblement l'Etat. Par là vous croyez

1. En morale, on peut étudier une question spéculativement, et
dans ce cas on ne s'occupe que des principes théoriques. On doit
ensuite la traiter pratiquement, et alors il faut tenir compte du
caractère des personnes, des mœurs, des usages, des lois positives,
des intérêts de l'Etat et des particuliers. C'est ce que font tous les
théologiens et tous les jurisconsultes. La pratique restreint souvent la
théorie ; mais, en la restreignant, elle l'affermit plutôt qu'elle ne la renverse.

2. Filiutius était un Italien. Il naquit à Sienne en 1563. Il professa
la théologie morale pendant dix ans au collège Romain, devint
pénitencier du Pape à Saint-Pierre, et casuiste en chef du saint Office.
Il mourut en 1622. Il a laissé les *Questions morales,* 2 vol. in-folio.

3. Réginaldus, en français Raynaud, naquit en Franche-Comté, à
3 lieues de Besançon. Il professa la morale à Paris et à Dôle. Il a
publié *Praxis fori,* 2 vol. in-folio, de la *Prudence du Confesseur.*
Saint François de Sales recommande ce dernier ouvrage dans son
Avertissement aux Confesseurs

être en assurance; car vous vous imaginez que le crédit que vous avez dans l'Eglise empêchera qu'on ne
punisse vos attentats contre la vérité, et que les pré-
cautions que vous apportez pour ne mettre pas facilement ces permissions en pratique vous mettront à couvert de la part des magistrats, qui, n'étant pas juges
des cas de conscience, n'ont proprement intérêt qu'à la
pratique extérieure (1). Ainsi une opinion qui serait
condamnée sous le nom de pratique se produit en sûreté
sous le nom de spéculation. Mais, cette base étant affer-
mie, il n'est pas difficile d'y élever le reste de vos
maximes. Il y avait une distance infinie entre la défense
que Dieu a faite de tuer, et la permission spéculative
que vos auteurs en ont donnée (2). Mais la distance est
bien petite de cette permission à la pratique. Il ne reste
seulement qu'à montrer que ce qui est permis dans la
spéculation l'est bien aussi dans la pratique (3). Or, on ne
manquera pas de raisons pour cela. Vous en avez bien
trouvé en des cas plus difficiles. Voulez-vous voir, mes
pères, par où l'on y arrive? Suivez ce raisonnement
d'Escobar, qui l'a décidé nettement dans le premier des
six tomes de sa grande Théologie morale (4), dont je
vous ai parlé, où il est tout autrement éclairé que dans
ce recueil qu'il avait fait de vos vingt-quatre vieillards (5) : car, au lieu qu'il avait pensé en ce temps-là
qu'il pouvait y avoir des opinions probables dans la spé-

1. Pascal voit un calcul dans la chose du monde qui est la plus
simple et la plus naturelle.

2. Jamais aucun auteur n'a permis de tuer. Le cinquième commandement est formel : *Non occides*. Il n'y a pas un auteur qui ait autorisé la
transgression de ce commandement. Seulement cette défense n'est pas
absolue. Il y a des cas où l'on peut tuer son semblable. Les casuistes
ont considéré en quels cas. Ainsi ils examinent dans le cas présent
si l'on peut tuer quelqu'un qui attente à l'honneur, comme on peut tuer
celui qui attente à la vie. La question peut être considérée spéculativement et pratiquement. Ils condamnent pratiquement ce qui pourrait
d'après eux avec une certaine probabilité, *in opinione probabili*, se
soutenir théoriquement.

3. Si on le démontrait, on ne pourrait plus établir d'opposition entre
ces deux choses, comme le font Filiutius et Reginaldus dans le passage
précédent.

4. Cette grande théologie morale est en 7 vol. in-fº, voy. plus haut
page 83.

5. Le recueil dont parle Pascal est la *Petite Théologie morale*, recueil
qu'Escobar avait fait d'après leurs vingt-quatre docteurs les plus

culation qui ne fussent pas sûres dans la pratique, il a connu le contraire depuis, et l'a fort bien établi dans ce dernier ouvrage : tant la doctrine de la probabilité en général reçoit d'accroissement par le temps, aussi bien que chaque opinion probable en particulier. Ecoutez-le donc *in Prælog.*, c. 3, n° 15 : « Je ne vois pas, dit-il, comment il se pourrait faire que ce qui parait permis dans la spéculation ne le fût pas dans la pratique ; puisque ce que l'on peut faire dans la pratique dépend de ce qu'on trouve permis dans la spéculation, et que ces choses ne diffèrent l'une de l'autre que comme l'effet de la cause : car la spéculation est ce qui détermine à l'action. D'où IL S'ENSUIT QU'ON PEUT EN SURETÉ DE CONSCIENCE SUIVRE DANS LA PRATIQUE LES OPINIONS PRO-BABLES DANS LA SPÉCULATION (¹), et même avec plus de sûreté que celles qu'on n'a pas si bien examinées spé-culativement. »

En vérité, mes pères, votre Escobar raisonne assez bien quelquefois. Et, en effet, il y a tant de liaison entre la spéculation et la pratique, que, quand l'une a pris racine, vous ne faites plus difficulté de permettre l'autre sans déguisement. C'est ce qu'on a vu dans la permission de tuer pour un soufflet, qui, de la simple spéculation, a été portée hardiment par Lessius à une pratique *qu'on ne doit pas facilement accorder*, et de là, par Escobar, *à une pratique facile* : d'où vos pères de Caen l'ont conduite à une permission pleine, sans distinction de théorie et de pratique, comme vous l'avez déjà vu.

célèbres. Dans la préface qu'il avait mise en tête de cet ouvrage, il avait comparé ces vingt-quatre Jésuites aux vingt-quatre vieillards de l'Apocalypse et les quatre théologiens qu'il mettait au-dessus de tous les autres, Suarez, Vasquez, Molina, Valentia, aux quatre animaux. Pascal fait ici allusion à cette allégorie emphatique qui était dans le goût du temps, mais qui prête au ridicule. (Cf. la v⁰ lettre.)

1. Il n'y a ici qu'une dispute de mots. Escobar ne veut pas que dans la spéculation, telle qu'il l'entend, on considère le cas d'une façon purement théorique. Mais il veut qu'on tienne compte en même temps des inconvénients que présenterait l'application. Ainsi il réduit par là-même considérablement le nombre des opinions spéculativement probables, et il se trouve d'accord avec les autres théologiens. « *Moneo*, dit-il, *haud licere uti probabili opinione, quando ex ea magnum periculum se-queretur, vel proximi damnum, honoris divini læsio (Théol. mor. lib 11, cap. 2, de Consc. prob.*.)

C'est ainsi que vous faites croître peu à peu vos opinions. Si elles paraissaient tout à coup dans leur dernier excès, elles causeraient de l'horreur ; mais ce progrès lent et insensible y accoutume doucement les hommes, et en ôte le scandale. Et par ce moyen la permission de tuer (¹), si odieuse à l'Etat et à l'Eglise, s'introduit premièrement dans l'Eglise, et ensuite de l'Eglise dans l'Etat.

On a vu un semblable succès de l'opinion de tuer pour des médisances ; car elle est aujourd'hui arrivée à une permission pareille sans aucune distinction. Je ne m'arrêterais pas à vous en rapporter les passages de vos pères, si cela n'était nécessaire pour confondre l'assurance que vous avez eue de dire deux fois dans votre quinzième imposture, p. 26 et 30, qu'il n'y a « pas un Jésuite qui permette de tuer pour des médisances (²) ». Quand vous dites cela, mes pères, vous devriez empêcher que je ne le visse, puisqu'il m'est si facile d'y répondre. Car, outre que vos pères Reginaldus, Filiutius, etc., l'ont permis dans la spéculation, comme je l'ai déjà dit, et que de là le principe d'Escobar nous mène sûrement à la pratique, j'ai à vous dire de plus que vous avez plusieurs auteurs qui l'ont permis en mots propres, et entre autres le père Héreau (³) dans ses leçons publiques, ensuite desquelles le roi le fit mettre en arrêt en votre maison, pour avoir enseigné, outre plusieurs erreurs, que, « quand celui qui nous décrie devant des gens d'honneur continue après l'avoir averti de cesser, il nous est permis de le tuer, non pas véritablement en public, de peur de scandale, mais en cachette, SED CLAM (⁴) ».

1. La permission de tuer... toujours le même sophisme.

2. Pour des médisances... Pascal atténue à dessein l'idée et la défigure. Il ne s'agit nullement de médisances dans les passages qu'il objecte, mais de calomnies atroces portant à l'honneur l'atteinte la plus grave. Il n'y a que quelques auteurs espagnols qui aient regardé spéculativement le droit comme probable, mais tous l'ont condamné dans la pratique et ont cherché à rectifier les idées reçues en Espagne sur ce point.

3. Les extraits du père Héreau ou Airault cités dans les *Provinciales*, n'ont, dit l'abbé Maynard, aucune authenticité, car ils ont été tirés du procès-verbal fait en 1643 et 1644 par le commissaire Charles, à la requête de l'Université de Paris, sous la dictée du fameux Louis Gorin (Saint-Amour)

4. Pascal veut que ce passage, qui n'est pas authentique, justifie ce qu'il avait avancé sans preuves dans sa VIIe lettre.

Je vous ai déjà parlé du père Lamy (1), et vous n'ignorez pas que sa doctrine sur ce sujet a été censurée en 1649 par l'Université de Louvain. Et néanmoins il n'y a pas encore deux mois que votre père Des Bois a soutenu à Rouen cette doctrine censurée du père Lamy, et a enseigné qu'il est « permis à un religieux de défendre l'honneur qu'il a acquis par sa vertu, MÊME EN TUANT celui qui attaque sa réputation, ETIAM CUM MORTE INVASORIS ». Ce qui a causé un tel scandale en cette ville-là, que tous les curés se sont unis pour lui faire imposer silence, et l'obliger à rétracter sa doctrine par les voies canoniques. L'affaire en est à l'officialité.

Que voulez-vous donc dire, mes pères? Comment entreprenez-vous de soutenir après cela « qu'aucun Jésuite n'est d'avis qu'on puisse tuer pour des médisances? » Et fallait-il autre chose pour vous en convaincre que les opinions mêmes de vos pères que vous rapportez, puisqu'ils ne défendent pas spéculativement de tuer, mais seulement dans la pratique (2), « à cause du mal qui en arriverait à l'Etat » ? Car je vous demande sur cela, mes pères, s'il s'agit dans nos disputes d'autre chose, sinon d'examiner si vous avez renversé la loi de Dieu qui défend l'homicide. Il n'est pas question de savoir si vous avez blessé l'Etat, mais la religion. A quoi sert-il donc, dans ce genre de dispute, de montrer que vous avez épargné l'Etat, quand vous faites voir en même temps que vous avez détruit la religion, en disant, comme vous faites, p. 28, l. 3, que « le sens de Reginaldus sur la question de tuer pour des médisances, est qu'un particulier a droit d'user de cette sorte de défense, la considérant simplement en elle-même » ?

---

1. Pascal en a parlé dans sa VIIe lettre. François Amici, que Pascal appelle le P. Lamy, avait enseigné la théologie à Aquilée, à Naples, à Gratz, où il mourut en 1651. Il a laissé 9 vol. in-folio sur la théologie. C'est dans le tome V de cet ouvrage que se trouve la doctrine sur l'homicide attaquée par Pascal. L'illustre Sylvius avait approuvé ce volume. Le P. Lamy avait exposé ce sentiment sans l'admettre *solum*, dit-il, *disputandi gratiâ*. Cette doctrine avait été soutenue par plusieurs théologiens, mais aucun Jésuite, pas même Escobar, ne l'a embrassée. Alexandre VII l'a condamnée; mais, avant cette condamnation, elle avait disparu de l'ouvrage du père Lamy.

2. Défendre une chose dans la pratique, n'est-ce pas défendre absolument de la faire ?

Je n'en veux pas davantage que cet aveu pour vous confondre. « Un particulier, dites-vous, a droit d'user de cette défense, » c'est-à-dire de tuer pour des médisances, « en considérant la chose en elle-même »; et par conséquent, mes pères, la loi de Dieu (¹), qui défend de tuer, est ruinée par cette décision.

Et il ne sert de rien de dire ensuite, comme vous faites, « que cela est illégitime et criminel, même selon la loi de Dieu, à raison des meurtres et des désordres qui en arriveraient dans l'Etat, parce qu'on est obligé, selon Dieu, d'avoir égard au bien de l'Etat (²) ». C'est sortir de la question. Car, mes pères, il y a deux lois à observer : l'une qui défend de tuer, l'autre qui défend de nuire à l'Etat. Reginaldus n'a peut-être pas violé la loi qui défend de nuire à l'Etat, mais il a violé certainement celle qui défend de tuer. Or il ne s'agit ici que de celle-là seule, outre que vos autres pères, qui ont permis ces meurtres dans la pratique, ont ruiné l'une aussi bien que l'autre. Mais allons plus avant, mes pères. Nous voyons bien que vous défendez quelquefois de nuire à l'Etat, et vous dites que votre dessein en cela est d'observer la loi de Dieu qui oblige à le maintenir. Cela peut être véritable, quoiqu'il ne soit pas certain; puisque vous pourriez faire la même chose par la seule crainte des juges. Examinons donc, je vous prie, de quel principe part ce mouvement.

N'est-il pas vrai, mes pères, que, si vous regardiez véritablement Dieu, et que l'observation de sa foi fût le premier et principal objet de votre pensée, ce respect régnerait uniformément dans toutes vos décisions importantes, et vous engagerait à prendre dans toutes ces occasions l'intérêt de la religion ? Mais si l'on voit au contraire que vous violez en tant de rencontres les ordres les plus saints que Dieu ait imposés aux hommes, quand il n'y a que sa loi à combattre ; et que, dans les occasions mêmes dont il s'agit, vous anéantissez la loi de Dieu, qui défend ces actions comme criminelles en elles-mêmes, et ne témoignez craindre

---

1. J'avoue que cette conséquence m'échappe absolument.

2. Les deux lois n'en font qu'une et il n'y a pas lieu de subtiliser sur cette distinction.

de les approuver dans la pratique que par la crainte
des juges, ne nous donnez-vous pas sujet de juger que
ce n'est point Dieu que vous considérez dans cette
crainte ; et que, si en apparence vous maintenez sa
loi en ce qui regarde l'obligation de ne pas nuire à
l'Etat, ce n'est pas pour sa loi même, mais pour arriver
à vos fins, comme ont toujours fait les moins religieux
politiques (1) ?

Quoi ! mes pères, vous nous direz qu'en ne regardant que la loi de Dieu, qui défend l'homicide, on a
droit de tuer pour des médisances (2), et après avoir
ainsi violé la loi éternelle de Dieu, vous croirez lever
le scandale que vous avez causé, et nous persuader de
votre respect envers lui, en ajoutant que vous en défendez la pratique pour des considérations d'Etat, et
par la crainte des juges ! N'est-ce pas au contraire
exciter un scandale nouveau ? non pas par le respect
que vous témoignez en cela pour les juges : car ce
n'est pas cela que je vous reproche ; et vous vous
jouez ridiculement là-dessus, page 29. Je ne vous reproche pas de craindre les juges, mais de ne craindre
que les juges (3). C'est cela que je blâme, parce que c'est
faire Dieu moins ennemi des crimes que les hommes.
Si vous disiez qu'on peut tuer un médisant, selon les
hommes, mais non pas selon Dieu, cela serait moins
insupportable : mais quand vous prétendez que ce qui
est trop criminel pour être souffert par les hommes
soit innocent et juste aux yeux de Dieu qui est la justice même, que faites-vous autre chose, sinon montrer
à tout le monde que, par cet horrible renversement
si contraire à l'esprit des saints, vous êtes hardis
contre Dieu et timides envers les hommes (4) ? Si vous

---

1. Nous revenons à cette question de la politique des Jésuites dont
Pascal a déjà parlé dans sa v⁰ lettre.

2. Les Jésuites ne l'ont jamais dit et nous avons vu qu'ils avaient
enseigné le contraire. Les éditions in-4⁰ et in-12 portent : « Vous nous
direz qu'on a droit de tuer pour des médisances, *en ne regardant que
la loi de Dieu qui défend l'homicide!*

3. Les éditions in-4⁰ et in-12 ajoutent : « *et non pas le Juge des juges.*

4. Voilà les Jésuites transformés en hommes sans foi et sans conscience qui n'ont pas la crainte de Dieu, qui n'ont que celle des hommes.
Voyez ce que nous avons dit sur la nature de ce reproche dans notre étude
préliminaire. page 24,

aviez voulu condamner sincérement ces homicides,
vous auriez laissé subsister l'ordre de Dieu qui les
défend ; et si vous aviez osé permettre d'abord ces
homicides, vous les auriez permis ouvertement, malgré
les lois de Dieu et des hommes. Mais comme vous avez
voulu les permettre insensiblement, et surprendre les
magistrats qui veillent à la sûreté publique, vous avez
agi finement en séparant vos maximes (¹) et proposant
d'un côté qu'il est « permis, dans la spéculative, de tuer
pour des médisances » (car on vous laisse examiner les
choses dans la spéculation), et produisant d'un autre
côté cette maxime détachée, que « ce qui est permis
dans la spéculation l'est bien aussi dans la pratique ».
Car quel intérêt l'Etat semble-t-il avoir dans cette
proposition générale et métaphysique ? Et ainsi, ces
deux principes peu suspects étant reçus séparément,
la vigilance des magistrats est trompée ; puisqu'il ne
faut plus que rassembler ces maximes pour en tirer
cette conclusion où vous tendez, qu'on peut donc tuer
dans la pratique pour de simples médisances (²).

Car c'est encore ici, mes pères, une des plus subtiles
adresses de votre politique, de séparer dans vos écrits
les maximes que vous assemblez dans vos avis. C'est
ainsi que vous avez établi à part votre doctrine de la
probabilité (³), que j'ai souvent expliquée. Et, ce principe général étant affermi, vous avancez séparément
des choses qui, pouvant être innocentes d'elles-mêmes,
deviennent horribles étant jointes à ce pernicieux principe. J'en donnerai pour exemple ce que vous avez dit
page 11, dans vos impostures, et à quoi il faut que je
réponde : « que plusieurs théologiens célèbres sont

1. Ainsi, d'après ces hypothèses, les théologiens des Jésuites se sont
entendus pour arriver à permettre la transgression du cinquième commandement de Dieu et autoriser l'homicide. Dans quel but avaient-ils
donc conçu cet étrange dessein ?

2. Les Jésuites n'ont nullement voulu en arriver là. Personne n'a
réfuté plus éloquemment et plus disertement cette fausse doctrine que
Suarez. (Cf. Suarez, *Opera*, tom. XI, *De virt. théolog.* tract. 3, disp. 13,
sect. ult., n. 5).

3. Dans la vᵉ lettre, Pascal rapproche de la politique des pères
ses idées sur le probabilisme dont il fait leur moyen d'action. Mais,
au lieu d'expliquer cette doctrine, il l'embrouille au contraire et la dénature. (Voyez ce que nous avons dit du probabilisme, dans notre avertissement sur cette xiiiᵉ lettre, page 75.

d'avis qu'on peut tuer pour un soufflet reçu. » Il est certain, mes pères, que si une personne qui ne tient point à la probabilité avait dit cela, il n'y aurait rien à reprendre, puisqu'on ne ferait alors qu'un simple récit qui n'aurait aucune conséquence. Mais vous, mes pères, et tous ceux qui tiennent cette dangereuse doctrine, que « tout ce qu'approuvent des auteurs célèbres est probable et sûr en conscience [1] »; quand vous ajoutez à cela que « plusieurs auteurs célèbres sont d'avis qu'on peut tuer pour un soufflet », qu'est-ce faire autre chose, sinon de mettre à tous les chrétiens le poignard à la main pour tuer ceux qui les auront offensés, en leur déclarant qu'ils le peuvent faire en sûreté de conscience, parce qu'ils suivront en cela l'avis de tant d'auteurs graves?

Quel horrible langage qui, en disant que des auteurs tiennent une opinion damnable, est en même temps une décision en faveur de cette opinion damnable, et qui autorise en conscience tout ce qu'il ne fait que rapporter! On l'entend, mes pères, ce langage de votre école. Et c'est une chose étonnante que vous ayez le front de le parler si haut, puisqu'il marque votre sentiment si à découvert, et vous convainc de tenir pour sûre en conscience cette opinion, qu'on peut « tuer pour un soufflet », aussitôt que vous nous avez dit que plusieurs auteurs célèbres la soutiennent [2].

Vous ne pouvez vous en défendre, mes pères, non plus que vous prévaloir des passages de Vasquez et de Suarez que vous m'opposez, où ils condamnent [3] ces meurtres que leurs confrères approuvent. Ces témoignages, séparés du reste de votre doctrine, pourraient

1. Pascal suppose ici ce qui est très faux, c'est que, pour qu'une opinion soit probable, il suffit qu'elle ait été soutenue par plusieurs auteurs. Jamais aucun théologien n'a dit cela. Ils disent tous au contraire qu'une opinion ne peut être probable si elle est en opposition avec une loi certaine, ou si elle est contraire à ce qui est généralement reçu dans l'Église. « *Qui assentit*, dit saint Thomas, *opinioni alicujus magistri contra id quod publice tenetur secundum Ecclesiæ auctoritatem, non potest ab erroris vitio excusari.* » (Quodlib. III, quest 10.)

2. Tout ici devient de la déclamation, du moment qu'il est établi que jamais le probabilisme n'a été ainsi entendu par aucun théologien, jésuite ou autre.

3. Vasquez et Suarez sont peut-être les deux plus grands théologiens

éblouir ceux qui ne l'entendent pas assez. Mais il faut joindre ensemble vos principes et vos maximes. Vous dites donc ici que Vasquez ne souffre point les meurtres. Mais que dites-vous d'un autre côté, mes pères? « que la probabilité d'un sentiment n'empêche pas la probabilité du sentiment contraire. (¹) » Et, en un autre lieu qu'il est « permis de suivre l'opinion la moins probable et la moins sûre en quittant l'opinion la plus probable et la plus sûre (²) ». Que s'en suit-il de tout cela ensemble, sinon que nous avons une entière liberté de conscience pour suivre celui qui nous plaira de tous ces avis opposés? Que devient donc, mes pères, le fruit que vous espériez de toutes ces citations? Il disparaît, puisqu'il ne faut pour votre condamnation que rassembler ces maximes que vous séparez pour votre justification. Pourquoi produisez-vous donc ces passages de vos auteurs que je n'ai point cités, pour excuser ceux que j'ai cités, puisqu'ils n'ont rien de commun? Quel droit cela vous donne-t-il de m'appeler *imposteur*? Ai-je dit que tous vos pères sont dans un même dérèglement? Et n'ai-je pas fait voir au contraire que votre principal intérêt est d'en avoir de tous avis pour servir à tous vos besoins? A ceux qui voudront tuer on présentera Lessius, à ceux qui ne voudront pas tuer on produira

de l'ordre. Benoît XIV les appelle, dans son grand ouvrage *De Synodo diœcesana*, les deux lumières de la théologie. Paul V donna à Suarez le titre de *Doctor eximius*. On le place ordinairement parmi les théologiens immédiatement après saint Thomas, dont il fut le disciple. Bossuet dit *qu'on entend en lui toute l'école moderne*. Grotius prétendait qu'on ne pouvait trouver son égal comme théologien et comme philosophe. Ces deux grands hommes combattent les sentiments que Pascal veut attribuer aux Jésuites. Il le reconnaît, mais il se sert de leurs témoignages pour les tourner contre ses adversaires. S'il ne s'agissait que d'apprécier les ressources de son intelligence, on pourrait admirer tant d'habileté; mais comme il s'agit ici d'accusation, cette habileté change de nom.

1. Ceci est évident et presque naïf. Deux opinions contraires peuvent être également probables; par conséquent il faut que la probabilité de l'une n'empêche pas la probabilité de l'autre.

2. Ceci dépend du degré de probabilité ou de la différence qu'il y a entre le plus et le moins. Il y a même des cas où, de l'aveu de tout le monde, on ne doit pas s'écarter du parti le plus sûr en suivant une opinion vraiment probable; par exemple en matière de foi ou lorsqu'il s'agit de l'administration des sacrements. C'est ce qu'établit le décret d'Innocent XI, de 1679.

Vasquez, afin que personne ne sorte malcontent, et sans avoir pour soi un auteur grave (¹). Lessius parlera en païen de l'homicide, et peut-être en chrétien de l'aumône. Vasquez parlera en païen de l'aumône, et en chrétien de l'homicide. Mais par le moyen de la probabilité que Vasquez et Lessius tiennent, et qui rend toutes vos opinions communes, ils se prêteront leurs sentiments les uns aux autres, et seront obligés d'absoudre ceux qui auront agi selon les opinions que chacun d'eux condamne. C'est donc cette variété qui vous confond davantage. L'uniformité serait plus supportable : et il n'y a rien de plus contraire aux ordres exprès de saint Ignace et de vos premiers généraux, que ce mélange confus de toutes sortes d'opinions (²). Je vous en parlerai peut-être quelque jour (³), mes pères ; et on sera surpris de voir combien vous êtes déchus du premier esprit de votre institut (⁴), et que vos propres généraux ont prévu que le dérèglement de votre doctrine dans la morale pourrait être funeste non

---

1. On pourrait faire le même raisonnement contre tous les ordres religieux et contre l'Eglise elle-même. Car, dans l'Eglise, comme dans tout ordre important, il y a nécessairement des hommes de différents caractères. Les uns sont sévères, les autres indulgents. Les auteurs suivent forcément la pente de leur esprit. Au lieu de voir dans cette diversité l'effet naturel de la variété de sentiments et d'idées qui se manifeste dans l'humanité, on pourrait supposer un calcul odieux ayant pour but la satisfaction du désir d'arriver à la domination des autres en s'accommodant à leurs idées et à leurs sentiments particuliers.

2. Saint Ignace exige l'uniformité en matière de foi ; mais, en matière libre, il n'a jamais songé à obliger ses disciples à être tous du même sentiment. On reproche à sa règle de détruire l'individualité au profit de l'autorité. Que dirait-on s'il avait eu la prétention de détruire la liberté d'opinion sur les points que l'Eglise n'a point décidés ? *In dubiis libertas ; in omnibus charitas*, telle était la maxime de saint Augustin.

3. Pascal avait projeté de faire une Provinciale sur ce sujet. M. Faugère en a retrouvé quelques fragments dans le manuscrit autographe des *Pensées*. Mais peut-être a-t-il abandonné cette thèse, parce qu'il s'est vu dans l'impossibilité de l'établir.

4. Il y a quelques auteurs qui ont voulu distinguer entre le premier siècle de l'ordre et les suivants. On peut établir qu'au point de vue des hommes qui ont illustré la Société, le premier siècle a été le plus brillant. Mais sous le rapport de l'esprit et de la doctrine, l'ordre n'a point changé. Il est resté le même dans tous les temps. « Je n'admets pas volontiers, dit M. Lenormand, la distinction que quelques personnes établissent entre le commencement et la fin des Jésuites. Ils sont frappants au contraire par leur unité et leur persévérance. (*Correspondant*, 15 mars 1844.) Il

seulement à votre Société, mais encore à l'Eglise universelle (¹).

Je vous dirai cependant que vous ne pouvez tirer aucun avantage de l'opinion de Vasquez. Ce serait une chose étrange, si, entre tant de Jésuites qui ont écrit, il n'y en avait pas un ou deux qui eussent dit ce que tous les chrétiens confessent. Il n'y a point de gloire à soutenir qu'on ne peut pas tuer pour un soufflet, selon l'Evangile ; mais il y a une horrible honte à le nier. De sorte que cela vous justifie si peu qu'il n'y a rien qui vous accable davantage ; puisque, ayant eu parmi vous des docteurs qui vous ont dit la vérité, vous n'êtes pas demeurés dans la vérité, et que vous avez mieux aimé les ténèbres que la lumière. Car vous avez appris de Vasquez, « que c'est une opinion païenne, et non pas chrétienne, de dire qu'on puisse donner un coup de bâton à celui qui a donné un soufflet » ; que « c'est ruiner le Décalogue et l'Evangile, de dire qu'on puisse tuer pour ce sujet », et que « les plus scélérats d'entre les hommes le reconnaissent ». Et cependant vous avez souffert que, contre ces vérités connues, Lessius, Escobar et les autres aient décidé que toutes les défenses que Dieu a faites de l'homicide n'empêchent point qu'on ne puisse tuer pour un soufflet. A quoi sert-il donc maintenant de produire ce passage de Vasquez contre le sentiment de Lessius, sinon pour montrer que Lessius est *un païen et un scélérat*, selon Vasquez (²) ? et c'est ce que je n'osais dire. Qu'en peut-on conclure, si ce n'est que Lessius *ruine le Décalogue et l'Evangile* qu'au dernier jour Vasquez condamnera Lessius sur ce point, comme Lessius condamnera Vasquez sur un

est certain que les Jésuites avant et après les Provinciales sont les mêmes.

1. Si les généraux de l'ordre ont eu ce triste pressentiment, ils ont dû lutter contre cette déplorable tendance. Qu'ont-ils fait ? Nous ne connaissons pas le moindre effort qui justifie ce que Pascal avance.

2. Vasquez eut été bien étonné s'il avait su qu'on lui attribuerait jamais de pareils sentiments à l'égard de Lessius, son confrère, qu'il devait profondément estimer. Car l'hérétique Baïus ayant fait censurer à Louvain et à Douai les cahiers de Lessius, celui-ci en appela au Saint-Siège. Et Sixte V déclara que sa doctrine était irréprochable *Sana doctrina* et défendit sous peine d'excommunication de censurer une seule de ses propositions.

6

autre, et que tous vos auteurs s'élèveront en jugement les uns contre les autres (¹) pour se condamner réciproquement dans leurs effroyables excès contre la loi de Jésus-Christ?

Concluons donc, mes pères, que puisque votre probabilité rend les bons sentiments de quelques-uns de vos auteurs inutiles à l'Eglise, et utiles seulement à votre politique, ils ne servent qu'à nous montrer, par leur contrariété, la duplicité de votre cœur, que vous nous avez parfaitement découverte, en nous déclarant, d'une part, que Vasquez et Suarez sont contraires à l'homicide, et de l'autre que plusieurs auteurs célèbres sont pour l'homicide : afin d'offrir deux chemins aux hommes en détruisant la simplicité de l'esprit de Dieu, qui maudit ceux qui sont doubles de cœur, et qui se préparent deux voies : *Væ duplici corde, et ingredienti duabus viis!* (Eccl., II, 14 (²).)

1. Voilà une effrayante conclusion, que son exagération même fait tourner au grotesque. Qui dit trop ne dit rien.

2. Dans cette lettre, Pascal a cessé d'être plaisant. Dans les premières *Provinciales*, il a le tort de ne pas traiter sérieusement les choses sérieuses. Mais du moins il amuse; sa satire est féconde en bons mots, et fait naître des scènes vraiment comiques. Mais dans cette dernière partie des *Provinciales*, il a mis de côté la plaisanterie. Il devient violent, acerbe, son éloquence est amère : on sent un homme profondément irrité qui a voulu attaquer et qui est forcé de se défendre. Ses flèches lui sont revenues, et si l'on comparait cette lettre à la cinquième et à la septième Provinciale, où il a traité les mêmes sujets, on verrait que ses adversaires ne prêtaient pas à l'attaque autant qu'il veut bien le dire et qu'il cherche à le faire voir. Car dans cette lettre, il revient sur les mêmes passages qu'il a déjà cités, désigne les mêmes auteurs et n'ajoute aucun fait nouveau à sa première diatribe. Il n'en faut pas davantage pour prouver que cette prétendue corruption de la morale se borne à quelques propositions plus ou moins équivoques qui n'ont d'ailleurs jamais eu d'influence sur l'esprit général de la Compagnie, parce que ces propositions n'appartenaient qu'à un petit nombre de théologiens, qu'elles étaient généralement noyées dans leurs nombreux écrits et que quand elles en sortirent pour recevoir dans la pratique un certain développement, elles étaient immédiatement censurées par le Saint-Siège et par la Société elle-même.

TABLE DES MATIÈRES

Imp. de la soc. de Typ. — J. Mersch, 8, r. Campagne 1re, Paris.